PONTE EN ORDEN

NOVELLO PEDERZINI

PONTE EN ORDEN

Reflexiones para una vida
más sana y humana

EDICIONES RIALP
MADRID

Título original: *Mettere Ordine*

© 2025 *by* Edizioni Studio Domenicano. Bolonia
© 2026 de la versión española de Miguel Martín
   by EDICIONES RIALP, S. A.,
   Manuel Uribe 13-15 - 28033 Madrid
   (www.rialp.com)

Preimpresión: www.produccioneditorial.com

ISBN (edición impresa): 978-84-321-7314-1
ISBN (edición digital): 978-84-321-7315-8
ISBN (edición bajo demanda): 978-84-321-7316-5
ISNI: 0000 0001 0725 313X
Depósito legal: M-26774-2025
Impreso en Anzos, S. L., Fuenlabrada (Madrid)

ÍNDICE

Serva ordinem, et ordo servabit te.
Guarda el orden, y el orden te guardará.

Proverbio antiguo

INTRODUCCIÓN

Un encuentro nunca olvidado

Cuando oficiaba en S. Petronio, en Bolonia, tuve un encuentro que no he olvidado. Se me presentó un joven —tendría unos 30 años— con el rostro contraído que revelaba un ánimo trastornado, pidiéndome ser escuchado y absuelto.

Me dijo: «¡Tengo urgente necesidad de enderezarme! Me lo ha "gritado" el Padre Pío, en una reciente visita mía, repitiendo estas palabras varias veces: ¡pon orden en tu vida! ¡pon orden antes de que sea demasiado tarde!… Y no me dio la absolución. ¡Padre, absuélvame usted! ¡Ayúdeme a cambiar, ayúdeme a poner orden en mi vida tan alocada…!».

Lo escuché tratando de implicarme en sus muchos y graves problemas: tenía realmente necesidad de "poner orden".

11

Y lo pude absolver, contento por ser llamado a colaborar en aquel extraordinario encuentro de gracia.

Al dejarme, visiblemente conmovido, me dijo: «Me siento otro. Estoy finalmente en paz. Nos veremos pronto».

Pero no volvimos a vernos, porque en el viaje hacia la ciudad natal a donde se dirigía para pasar la Pascua, en un accidente de tráfico, pocos días después de nuestro encuentro, perdió la vida.

Me impresionó mucho aquella coincidencia de la confesión y la muerte, y de que Dios hubiese querido servirse de mí para preparar a Andrea (así se llamaba) para la gran cita con la eternidad.

Afortunadamente, había conseguido "poner orden" y partir con los "papeles en regla".

«¡PON ORDEN ANTES DE QUE SEA DEMASIADO TARDE!»

Desde entonces ¡cuántas veces me ha impactado y me impresiona en la mente este "pon orden"!, sobre todo en los momentos en que vuelvo a constatar y escuchar las noticias de todo el desorden que inunda el mundo. ¡Cuánto desorden!

Sobre todo, en los momentos en que, desde el caso "Manos limpias" hasta hoy, escuchaba y leía las noticias de todo el desorden que inundaba e inunda nuestra sociedad.

¿Y quién quedó y queda inmune? ¿Quién puede considerarse del todo "limpio"?

Queda siendo incomprensible un hecho: todos están contra todos; nadie se enfrenta consigo mismo.

Todos están apuntando con el dedo contra las instituciones, la mafia, los políticos, la administración pública, los magistrados, los profesores, los dirigentes de hacienda, los profesionales sanitarios, los sindicatos, los camellos de la droga y los drogadictos, las mujeres y los maridos infieles, los jóvenes de las discotecas, los inmigrantes… ¡y nadie apunta el dedo contra sí mismo!

Todos están de acuerdo en decir: ¡qué sucia es nuestra sociedad!, pero poquísimos llegan a decir: ¡yo estoy sucio, yo no estoy en orden como debería estar!

¿Pero quién debe "poner orden"?

Entonces me pregunto: ¿a quién compete el deber de "poner orden"?

¿Corresponde acaso a un jefe carismático que, en plan "ordeno y mando", reparta órdenes y castigos?

¿O quizá incumbe a un santo taumaturgo que, con un toque mágico, cure cualquier cosa?

¿O incluso es cuestión de una intervención extraordinaria de Cristo, que, anticipando su regreso, separe los buenos de los malos, y construya un mundo nuevo con solo los buenos?

¡Evidentemente, no!

¡Quien debe poner orden soy precisamente yo!

La operación de "recuperación" o "limpieza" puede comenzar solo por mí.

Sí, la sociedad es una realidad abstracta, pero de hecho incluye el conjunto de tantas personas que están presentes con sus virtudes y sus vicios.

Para conseguir una sociedad ordenada y justa son necesarias personas ordenadas y justas.

Yo soy un componente de la sociedad, y por tanto yo debo ser esa persona ordenada y justa que debe iniciar el saneamiento público.

No debo acusar a los demás: debo mirarme a mí mismo.

Me tengo que recordar luego que, contribuyendo a renovar la sociedad, ante todo me estoy ordenando yo mismo, convirtiéndome en una persona eficiente, madura, serena, plenamente realizada.

A mí, por tanto, a mí personalmente se dirige la fuerte y urgente invitación: ¡por orden en tu vida, antes de que sea demasiado tarde!

Una pequeña contribución

Este librito quiere ser una pequeña contribución a la realización del orden.

Quiere iluminar las mentes para comprender el verdadero sentido del orden de que estamos hablando, y apoyar las fuerzas de los que están comprometidos en concretar este orden en sí mismos y en el ambiente en que viven y trabajan.

Es un instrumento limitado, sea en la elección de los argumentos, sea en el modo de tratarlos, pero trata de ofrecer algunas líneas de conducta que, tomadas en serio, puedan resultar preciosas para un radical cambio de vida.

Divisiones y contenidos

El libro se divide en dos partes:

La PRIMERA PARTE (cap. 1-5) es una necesaria premisa al problema del orden, y contiene los elementos teológicos y antropológicos para conocer al ser humano y sus posibilidades relativas al bien moral y por tanto al orden.

La SEGUNDA PARTE (cap. 6-12) es la descripción de algunas situaciones concretas en las que se encuentra el tema del orden, orientando la solución. Obviamente, esta parte no quiere ser un recetario de soluciones milagrosas, sino el inicio de un discurso que puede llegar a ser más comprometido y profundo.

TODA LA PERSONA, ESPÍRITU Y CUERPO, ESTÁ LLAMADA AL ORDEN

Los asuntos estrictamente espirituales se entrelazan con los más propiamente materiales, por la unidad inseparable que existe entre alma y cuerpo, espíritu y materia, naturaleza y gracia.

Precisamente porque toda la persona ha sido recuperada y divinizada en Cristo, todo en ella deviene grande e importante; y por eso todo ser humano debe poner orden y ser puesto en orden.

El antiguo dicho *mens sana in corpore sano* podría traducirse así:

— poner orden en el cuerpo para poner orden en el espíritu;
— poner orden en el espíritu para poner orden en el cuerpo.

Poner orden: es un empeño y un deseo para cuantos se aman a sí mismos y al maravilloso planeta en el que, por designio divino, hemos sido colocados.

Un compromiso generoso del que nadie se puede dispensar.

NOVELLO PEDERZINI

1.
PONER ORDEN

*Que todo se haga con respeto
y con orden.*

1 Corintios 14, 40

LA PERSONA SE REALIZA EN EL ORDEN

Decían los antiguos: *Serva ordinem et ordo servabit te.* Traducimos: mantén el orden, ¡y el orden te mantendrá a ti!

El verbo *mantener* aquí significa: sostener, guiar, mantener firme, conservar... en una palabra: conseguir que el ser humano pueda existir, crecer, realizarse de modo pleno y completo.

La realización del orden es por tanto absolutamente indispensable para todo lo que se refiere a la estructura, el crecimiento y la actividad humana.

Una persona ordenada es una persona
eficiente,
armónica,
equilibrada,
prometida al éxito,
profesional,
lograda.

Una persona sin orden es inconcluyente, imprevisible, poco fiable, imprecisa, insuficiente: una persona de la que normalmente no nos podemos fiar del todo.

El orden está pues en la base del ser y del actuar.

Está en la raíz de toda realización válida y duradera.

PONER ORDEN

Poner orden es equivalente a *ordenar,* verbo transitivo que se define en el Diccionario de la Real Academia de la Lengua Española como «encaminar y dirigir algo a un fin».

Podemos completar esa definición así: «Es disponer cada cosa en la condición mejor para que pueda realizar el fin para el que fue creada»[1].

Tres cosas, por tanto:

1. Un fin que alcanzar.
2. Medios adecuados para alcanzarlo.
3. La creación de situaciones y condiciones adecuadas para poderlo alcanzar.

Todo lo que existe, sin excepción, tiene un sentido, un propósito, un fin, una razón de ser.

Nada ha sido creado por casualidad.

Nadie puede renunciar a su rol o cambiarlo por el de otro.

Todo ser debe realizar su particular orden en el mundo y del mejor modo.

---

[1] En la edición española omitimos las referencias del autor a diccionarios italianos. Esta última definición ampliada procede de N. Zingarelli, *Vocabolario della lingua italiana.*

Solo la persona, y nadie más; porque el ser humano es la única criatura que posee la inteligencia y la voluntad necesarias para esta no fácil tarea.

Los seres creados son de tres tipos:

— Algunos son inanimados (no vivos).
— Otros son animados (vivos) pero no tienen inteligencia: las plantas y los animales.
— La persona es "animada" y tiene inteligencia.

Todos tienen un fin que realizar, y lo realizan cuando están en su sitio, y cumplen la función para la que fueron creados.

Por eso, los antiguos definían así el orden: «Poner cada cosa en su sitio, y encontrar un sitio para cada cosa».

Y en esta sabia definición está todo el sentido del orden. De todo orden.

Hay sin embargo una sustancial diferencia en su realización:

— los seres privados de inteligencia lo realizan solo por instinto;
— la persona, inteligente y libre, lo realiza por su precisa elección y con su colaboración positiva.

Solo el ser humano puede y debe poner orden, y nadie más. Ni siquiera los animales que parecen "inteligentes", como por ejemplo los perros o los gatos, porque están privados de inteligencia, y por tanto incapaces de elecciones libres.

La persona, aun compartiendo la fragilidad de los animales, y aunque no conozca sino en mínima parte las leyes que rigen el universo, está llamada al rol de protagonista inteligente en mantener y desarrollar el orden, en sí misma y en el ambiente en que vive.

¿Por dónde comenzar?

Es obvio: por la inteligencia, la mente, el cerebro.

No se puede realizar el orden sin elaborar antes un proyecto bien definido y motivado.

No se puede actuar sin saber lo que se quiere, sin conocer el objetivo por el que se actúa. Quien actúa es el ser humano, dotado de inteligencia y de específicas capacidades.

Sin embargo, no actúa si no tiene un objetivo, y si no se encuentra en las condiciones necesarias para poderlo alcanzar.

Podríamos por tanto hablar de "poner orden" y dedicarnos a realizarlo solo después de definir tres cosas:

1. Qué cosa es la persona que está llamada al orden.
2. Qué tipo de orden debe conseguir.
3. Cuáles son las condiciones indispensables para conseguirlo.

Todo, por tanto, parte de la inteligencia, y nada razonable y constructivo puede hacerse sin contar con ella.

Cuatro axiomas importantes

Cuatro principios de la filosofía clásica nos ayudan a comprender y a resumir el todo:

1. *Nihil volitum quin praecognitum*: ninguna cosa se puede querer si antes no se ha conocido.
2. *Omne agens, propter finem agit*: el que actúa lo hace solo si tiene un fin que alcanzar.
3. *Operari sequitur esse*: la naturaleza de la acción depende de quién es el que la realiza.
4. *Nemo dat quod non habet*: nadie puede dar lo que no tiene.

En nuestro caso: solo quien posee inteligencia y personalidad puede idear y actuar un orden verdadero y estable: en sí mismo y en el mundo que lo rodea.

La que ilumina y dirige cualquier cosa es la inteligencia. ¡Y ay de quien actúa sin dejarse guiar por ella!

2.
SER HOMBRE. SER MUJER

Dios y Señor nuestro...
¿qué es el hombre, para que de él te acuerdes?...
Lo has hecho poco menor que los ángeles,
le has coronado de gloria y honor.
Le has dado el mando sobre las obras de tus manos.
Todo lo has puesto bajo sus pies...

Salmo 8

SER HOMBRE, SER MUJER

Para hablar del orden, debemos hablar de quien lo debe realizar, esto es, del ser humano.

De él debemos conocer:

— la naturaleza
— el origen
— la historia
— la meta hacia la que camina
— el objetivo

para los cuales ha sido creado y colocado en este mundo, ya poblado por tantos otros seres más pequeños y más grandes que él.

El ser humano puede ser diversamente juzgado según los diversos puntos de vista de los que se parte.

Algunos exaltan en él la inteligencia, las capacidades, los descubrimientos, las conquistas científicas, y lo consideran un ser autosuficiente, casi un dios.

Otros, observando sus límites, se preguntan sobre el sentido de la vida y de la actividad humana, y lo reducen a un ser sin objetivo y sin sentido.

¿Pero qué es un ser humano?

Muchas ciencias se ocupan del conocimiento y las verdades sobre el ser humano: la filosofía, la psicología, la medicina, la sociología, etc. La suya es una aportación preciosa, pero muchas veces peligrosa.

Se limitan a profundizar en aspectos circunscritos y limitados; y no pueden abarcar el entero misterio de la persona, que hunde sus orígenes en la remota prehistoria y presenta aspectos transcendentes e impenetrables.

Nosotros confiamos en la única fuente que tiene todos los caracteres de la absoluta certeza: la Revelación divina.

¿Quién más que el Creador puede desvelar los secretos de su criatura?

Todo nos lo dio Él en la Biblia, que no siendo un libro histórico o científico, sino religioso, puede por eso revelarnos las profundas verdades relativas a la persona, que la historia y la ciencia no nos pueden explicar por sí solas.

Y esto es lo que podemos decir del ser humano.

Es alma y cuerpo

A diferencia de Dios y de los ángeles, espíritus puros y por eso simplicísimos, la persona humana es un ser compuesto. Está formada por dos elementos coesenciales e igualmente necesarios: el alma y el cuerpo.

El alma no está "presa", como pensaba Platón, sino que se encuentra en el cuerpo como en su lugar natural; mientras que la muerte, que es la separación temporal del alma del cuerpo, es la cosa menos natural.

En el ser humano, son dos los principios constitutivos, pero la realidad es una, la persona que piensa es una, así como es una la que piensa, ama, actúa, decide en libertad.

Estos dos principios están de tal modo unidos y fusionados, que el uno actúa con el otro y a través del otro: el cuerpo está animado por el alma y el alma cumple sus funciones a través del cuerpo.

Este es el misterio del ser humano:

—el cuerpo, que es materia, lo une a las leyes biológicas propias de los demás seres vivos sobre la tierra;

—el alma, que es espiritual, lo lleva a trascender el mundo material, permitiéndole vivir una vida superior y rebasar los confines naturales que vinculan su cuerpo, hasta unirse a Dios: en dos palabras, lo hace inteligente y libre.

Es imagen de Dios

Es en verdad un misterio el ser humano, tan grande y tan pequeño, tan contradictorio y tan fascinante.

Sus dimensiones físicas son bien poca cosa, pero no constituyen su importancia y su grandeza.

En su pequeño cuerpo palpita un alma espiritual e inteligente, que mientras da vida al envolvente material, le hace comprender el sentido de las cosas y le hace trascender los límites corpóreos.

Es el alma la que hace grande a la persona.

Es el alma la que la hace inteligente y libre, y por tanto la convierte en imagen de Dios, que es el Ser sumamente inteligente y libre.

Es rey y centro del universo

Todo en el mundo es creado para el ser humano, para que sea el rey y el dueño de él, y para que pueda disponer de él libremente, según el orden establecido por el Creador.

La variedad de las criaturas, animadas e inanimadas, es casi infinita, pero ninguna de ellas está dotada de alma inteligente: son simplemente parte de los seres sujetos al dominio de alguien.

La persona puede disponer de ellas a voluntad, con respeto a las reglas fijadas y a su natural destinación.

Es sacerdote de lo creado

Y como ha sido creado inteligente, el ser humano es nativamente sacerdote del universo creado.

Dios lo coloca arriba en un plano intermedio entre el mundo inferior y Él mismo, con el preciso encargo de reconocer, alabar y amar al Creador, convirtiéndose en el intérprete y el portavoz de todas las criaturas.

Los minerales, los vegetales, los animales son en sí mismos una espléndida manifestación de la grandeza y de la bondad del Creador, pero no saben que son lo que son ni lo pueden entender.

En cambio la persona es capaz de captar, y por tanto de reunir en sí toda la gloria de las criaturas, y con ellas y por sí reconocer y alabar al Creador.

Es hijo de Dios

El Señor creó el universo para el ser humano, pero quiere reservar para Sí su criatura más perfecta. Y por eso no solo lo creó para que lo reconociese, lo amase y lo alabase en nombre de todas las criaturas, sino también para que fuese su confidente, su amigo, su hijo.

La Revelación afirma que el Señor lo elevó al estado sobrenatural, es decir, le dio un don superior, no debido a su naturaleza, con el que lo hizo partícipe de su misma vida, y su hijo.

Dios quiso una criatura que no solo pudiese decirle «tú me has creado», sino también «tú eres mi Padre». Quiso unirse a su criatura con los lazos más estrechos posibles: los que unen a un padre con su hijo.

3.
AL PRINCIPIO, TODO ERA ORDEN.
LUEGO VINO EL DESORDEN

Y vio Dios todo lo que había hecho;
y he aquí que era muy bueno [...].
Y quedaron concluidos el cielo, la tierra
y todo su ornato.

Génesis 1, 31; 2, 1

AL PRINCIPIO, TODO ERA ORDEN

En el origen de la creación hay un Dios Creador que lo crea todo por amor.

Todo fue ideado y realizado en el más perfecto orden:

— las criaturas inferiores estaban perfectamente sometidas al ser humano;
— en el ser humano, los sentidos estaban sometidos a la razón, y la inteligencia, iluminada por la gracia, estaba libremente sometida a Dios.
— entre todas las personas, hombres y mujeres, existía la mayor unión y colaboración.

«Todo es tuyo, pero tú eres mío»

Dios le dice al primer hombre: todo es tuyo;

- — este mundo lo he creado para ti:
- — lo debes conocer, dominar, gozar, desarrollar, porque eres el centro y el señor de él.

¡Pero atención!

- — Todo es tuyo, pero tú eres mío.
- — Todo es para ti, pero tú eres para mí.
- — Todo te debe servir, pero tú debes servirme a mí.

Incluso le dice: ninguna criatura podrá satisfacerte totalmente, porque solo yo soy tu único e insustituible Bien.

También las criaturas son un bien, pero solo en parte y en la medida en que son una señal, una anticipación, un medio para alcanzar el Bien infinito que soy Yo.

Este es el orden natural de las cosas: tú tienes el dominio sobre las cosas, eres el único rey y señor de ellas; Yo tengo el dominio sobre ti, soy tu único verdadero Señor.

El error posible

Este orden admirable y perfecto tenía un solo punto límite: la libertad humana, que en cuanto tal dejaba a la criatura racional la posibilidad de oponerse al plan divino.

Dios sigue diciendo: todo es tuyo, pero tú eres mío.

Te hago sin embargo libre de reconocerme o no: puedes aceptarme o rechazarme. Puedes decirme sí o no, elige. Esta libertad es el máximo honor, y también el máximo riesgo.

Y el riesgo está en que tú, estúpidamente, puedas rechazar esta dependencia, y pretendas convertirte en el dios de ti mismo.

Obviamente, a lo que elijas va unida tu realización o tu ruina: tu futuro depende de ti y no de mí.

Y por otra parte, si no te hubiese dejado libre hasta en esto, ¿qué libertad sería la tuya?

EL ERROR COMETIDO

Por desgracia, el riesgo se cambió en rebelión: y fue el pecado original. La respuesta humana fue: ¡NO! No acepto tu proyecto: rechazo reconocerte como mi Creador y Señor; quiero hacer de mí mismo el centro del mundo y el fin del universo; quiero sustituirte.

Dice el Concilio Vaticano II: «Creado por Dios en la justicia, el hombre, sin embargo, por instigación del demonio, en el propio exordio de la historia, abusó de su libertad, levantándose contra Dios y pretendiendo alcanzar su propio fin al margen de Dios» (*Gaudium et spes*, 13).

La entrada y la permanencia del mal en el mundo siguen siendo para nosotros un misterio incomprensible. No entendemos cómo y por qué el ser humano rechazó el estupendo plan de Dios y se degradó moralmente, arruinándose a sí mismo y a nosotros.

Cuatro ruinosas consecuencias

1. La ruptura con Dios: no fue ya posible la intimidad con Él y el acceso a su felicidad, porque el ser humano, queriendo hacerse *como* Dios, se convierte en su *rival*.

2. La ruptura del equilibrio personal: el cuerpo, sometido al sufrimiento y a la muerte, se encontró sujeto a límites y a males innumerables; el alma no tuvo ya dominio sobre los instintos del cuerpo, y en la naturaleza humana apareció la llamada *concupiscencia*; la inteligencia se oscureció y, partiendo de la ignorancia más absoluta, se encontró frente a problemas complejos e incluso insolubles; la voluntad, mal iluminada por la inteligencia, arrastrada por los instintos inferiores, se sintió perdida buscando la felicidad allí donde no podía existir.

3. La ruptura con el mundo exterior. Los seres inferiores cesaron de obedecer a la criatura racional; en lugar de constituir una ayuda para subir a Dios, se convirtieron en un obstáculo.

4. La ruptura con los hermanos. La ruptura con el mundo exterior llevó también a la ruptura con los propios semejantes; comenzaron así las relaciones marcadas por la falsedad, el egoísmo, la vanidad y el odio.

Y así nació el desorden

Con el pecado original se instaló en el mundo el desorden, en las mil expresiones que conocemos a través de la experiencia personal. Un desorden difundido en el tiempo y en el espacio; un desorden que todos percibimos como corrupción, negatividad y división.

El Concilio Vaticano II lo describe con estas palabras:

La Sagrada Escritura, con la que está de acuerdo la experiencia de los siglos, enseña a la familia humana que el progreso altamente beneficioso para el hombre también encierra, sin embargo, gran tentación; pues los individuos y las colectividades, subvertida la jerarquía de los valores, y mezclado el bien con el mal, no miran más que a lo suyo, olvidando lo ajeno. Lo que hace que el mundo no sea ya ámbito de una auténtica fraternidad, mientras el poder acrecido de la humanidad está amenazando con destruir al propio género humano.

A través de toda la historia humana existe una dura batalla contra el poder de las tinieblas [...]. Enzarzado en esta pelea, el hombre ha de luchar continuamente para acatar el bien, y solo a costa de grandes esfuerzos, con la ayuda de la gracia de Dios, es capaz de establecer la unidad en sí mismo.[...]

Un espíritu de vanidad y de malicia transforma en instrumento de pecado la actividad humana, ordenada al servicio de Dios y de los hombres (*Gaudium et spes*, 37).

Las personas, dominadas por el pecado, y sin tender ya hacia su propio Autor, tienden a vivir aisladas y les resulta difícil trabajar en colaboración unas con otras. Cada persona se encuentra así dividida en sí misma, incapaz de superar ella sola los asaltos del mal, hasta el punto de sentirse como encadenada.

Son siete las cadenas que tienen cautivo al ser humano, son los así llamados pecados capitales: su presencia se puede considerar como la causa del desorden actual y la consecuencia del desorden heredado. Son:

1. La soberbia, que es la opinión exagerada de sí, de las propias capacidades y los propios méritos. Conduce al desprecio, al alejamiento y a aislarse de los demás.
2. La avaricia, que es el apego desmedido a los bienes materiales. Conduce al egoísmo en el plano personal, familiar y social.
3. La lujuria, que es el uso desordenado del sexo. Conduce a la degradación de la persona, de la familia y de la sociedad.
4. La ira, que es la explosión repentina y violenta del ánimo. Inflige a los demás imprevisibles ofensas y daños.
5. La gula, que es el uso desordenado de los alimentos. Produce daños irreparables a la salud física y psíquica.
6. La envidia, que es la tristeza ante el bien de las personas que consideramos más afortunadas y felices. Conduce a la ruptura de muchas relaciones personales.
7. La acedia, que es la apatía ante cualquier esfuerzo. Conduce al ocio y la dejadez en cualquier campo.

Estos vicios están presentes, de distintas maneras, en todos los hombres y mujeres, sin excepción alguna. Y son estos vicios los que hacen lenta y fatigosa la realización del orden y del amor.

4.
EL ORDEN RECUPERADO

Si por la caída de uno solo murieron todos,
cuánto más la gracia de Dios y el don
que se da en la gracia de un solo hombre,
Jesucristo, sobreabundó para todos.

Carta a los Romanos 5, 15.

UNA PERSONA INCLINADA AL MAL

La persona que debe poner orden es por tanto una persona que podríamos llamar "problemática".

No una persona equilibrada y perfecta, sino un ser imperfecto, dividido, en perenne conflicto consigo mismo y con los demás.

Lleva en sí la pureza original y, a la vez, una acentuada tendencia al desorden y al mal. Es constitutivamente un ser complejo e incomprensible.

Por una parte, siente el anhelo hacia lo alto; por otra, prueba una fuerte tendencia hacia lo bajo. Alma y cuerpo, espíritu y carne, normalmente están en contraste e incluso se rechazan.

La naturaleza humana está profundamente herida y porta la señal del primer pecado, que fue de rebelión contra Dios y de repliegue sobre sí misma.

35

No es difícil demostrarlo: basta reflexionar sobre los primeros instintivos monosílabos pronunciados por el niño: *¡no!, ¡mío!, ¡no quiero!* Los psicólogos ven en esto también una toma de conciencia de ser una entidad distinta de la madre, a la que en los primeros meses de vida el niño se sintió unido como un todo.

¿Hasta qué punto?

"Poner orden" significa pues devolver a la persona al equilibrio del estado original, a través de un esfuerzo arduo y complejo, que abraza toda la vida.

La tarea resulta ardua y difícil porque los que deben poner orden son personas desordenadas y contradictorias.

Son simultáneamente: buenas y malas, llenas de amor y de odio, humildes y soberbias, generosas y egoístas.

Son seres en riesgo permanente, fuertemente condicionados por factores imprevisibles. El hombre está en suma naturalmente inclinado al mal.

Pero ¿hasta qué punto? El hombre es ¿más bueno o más malo? ¿Más inclinado al orden o al desorden?

Dos tendencias opuestas

Existen dos corrientes de pensamiento opuestas:

1. Una corriente pesimista, capitaneada por Lutero, sostiene que el ser humano, a causa del pecado original, está totalmente corrompido y por tanto inclinado solo al mal. En estas condiciones, con sus

solas fuerzas naturales, no puede realizar el bien ni el orden deseados.

2. Una corriente optimista, de la que forman parte Pelagio y Rousseau, sostiene que la naturaleza humana no ha sido afectada, y por eso el ser humano, nativamente bueno, está en condiciones de poder hacer todo el bien y realizar todo el orden que quiera.

Lo que enseña la Iglesia

El Concilio de Trento, contra las dos tendencias opuestas, y en particular contra el pesimismo de Lutero, definió estas dos proposiciones:

— La criatura humana caída no está corrompida totalmente; está por tanto en condiciones, con sus solas fuerzas naturales, de realizar algunos actos particulares buenos, de realizar un cierto orden en algunos sectores.

— Está, sin embargo, tan inclinada al mal, por tendencias internas y condicionamientos exteriores, que sin una ayuda sobrenatural, no puede cumplir el bien total: no es capaz de cumplir toda la ley moral, durante toda la vida, y realizar así el orden perfecto.

El bien total es la observancia de todas las leyes divinas y humanas durante toda la vida. La ayuda sobrenatural es la gracia divina.

El ser humano por tanto, en estado natural, no es autosuficiente. Está dotado de muchas energías y cualidades,

37

pero en el plano moral necesita una ayuda particular que solo Dios le puede dar.

Todo forma parte de un plan preordenado

El pecado original rompió el plan de Dios y llevó a la criatura humana a su propia destrucción. Trajo al mundo la muerte y en las personas la inclinación al mal.

Pero Dios no abandonó a su criatura y enseguida se dispuso a recuperarla. No debemos hablar por eso de un salvamento *in extremis*, sino de un único, eterno, gran proyecto de salvación realizado en Cristo, hijo de Dios, después del pecado original.

Dios en persona, se haría hombre. Vencería al pecado, readmitiría al ser humano a la más íntima comunión con Él a través de la gracia, y recompondría la unidad de las personas con la creación, convirtiéndose así en el primogénito del hombre nuevo, el centro, el fin, el salvador de toda la humanidad.

Cristo es el hombre nuevo

El Hijo de Dios, la Segunda Persona de la Santísima Trinidad, en un cierto momento de la historia humana, se hizo hombre.

Conservando la naturaleza divina, asume la naturaleza humana, en todo semejante a la nuestra, salvo en el pecado.

No baja entre los seres humanos, distinguiéndose de ellos, se hace hombre como toda otra criatura humana. Deviene un hombre verdadero, un hombre completo, y es obviamente la mejor persona, el modelo perfecto del primer Adán. Ninguna persona fue y es tan verdadera, original y rica como Él. Ninguna realiza mejor que Él las cualidades y las perfecciones que son propias de una naturaleza humana perfecta.

CRISTO HACE DE CADA SER HUMANO UNA PERSONA NUEVA

Dice el apóstol Pablo (2 Co 5, 17): «*Si alguno está en Cristo, es una nueva criatura; lo viejo pasó, ya ha llegado lo nuevo*».

La nueva criatura, la persona nueva, es la que, después de nacer, renace en Cristo a través de la gracia y la fe. Es la que está rehecha, pasando de estado de decadencia y de desorden al de santidad y orden.

El ser humano nuevo es el cristiano: el que hace de Cristo la clave, el centro, el fin de su vida; se reviste de Él, de su modo de pensar y de vivir; se apropia de los bienes sobrenaturales que Él nos ha traído.

CRISTO DIVINIZA A LA CRIATURA HUMANA

Para convertirse en nueva criatura, cada persona debe insertarse individualmente en Cristo a través de la fe y los Sacramentos, que le confieren la gracia.

La gracia es una realidad que se une a nuestra naturaleza operando dos efectos:

— Sana las heridas espirituales del pecado; da ayuda y fuerza a la naturaleza debilitada e incapaz de realizar el bien total y el pleno orden personal (*gracia sanante*).

— Eleva al ser humano a la increíble dignidad de hijo de Dios, comunicándole la vida divina (*gracia elevante*).

A través de la gracia, la persona, incapaz de realizar sola todo el bien, deviene fuerte con la misma fuerza de Dios: y queda elevada a la altísima dignidad de ser su hija.

SOLO EL SER HUMANO DIVINIZADO ES PERSONA COMPLETA

La persona que salió de las manos del Creador era completamente ella misma, en plenitud de vida y de armonía con Dios y con lo creado.

Fue la pérdida de la gracia lo que creó en ella la infelicidad, la división, el desorden y la muerte. Eso significa que no hay más que una vía a través de la cual pudiera aún recuperarse a sí misma que la del regreso a la gracia.

La única posibilidad de equilibrio perfecto está en el ser humano en el nivel sobrenatural. Toda tentativa de construir la propia personalidad fuera de este centro está destinada a fracasar.

Y quien se contenta con desarrollar solo las facultades naturales (¡qué gran riesgo!), construye una torre peligrosa e incompleta; realiza un orden parcial y provisional. No se realiza el orden verdadero y durable sino con la ayuda y el apoyo de la gracia divina.

5.
LAS REGLAS DEL ORDEN

Ahora, Israel, escucha las leyes y normas
que yo os enseño [...]. No añadáis nada
a los mandamientos que os ordeno,
ni tampoco omitáis nada de ellos, sino
guardad los preceptos del Señor, vuestro Dios.

Deuteronomio 4, 1-2.

CRISTO CAMINA CON LAS PERSONAS

Solo el ser humano divinizado, esto es, insertado en Cristo con la gracia, es la persona verdadera, completa, totalmente lograda.

La gracia es el sumo don dado a la criatura humana y es del todo gratuito. Dándoles la gracia, Dios no anula la individualidad humana ni se sustituye por ella. Respeta hasta el fondo su capacidad natural y, sobre todo, su libertad.

Esta gracia no es impuesta, sino propuesta, con plena facultad de las personas de acogerla o no.

Dios se propone a cada persona en estos términos: yo te ayudo a subir la cuesta y a realizarte; pero tú me debes seguir y estar conmigo: caminaremos juntos, trabajaremos juntos, construiremos juntos, realizaremos juntos tu reconstrucción. Solo hay un orden posible: el que yo construiré contigo, y el que tú construirás conmigo.

Estas son las reglas

La reconstrucción de la criatura humana presupone un proyecto, con reglas bien precisas y determinadas. Obviamente el proyecto es de Dios, y las reglas son las suyas. ¿Y quién otro estaría en condiciones de elaborar un proyecto más luminoso y seguro?

Solo Dios conoce a la criatura humana hasta el fondo y puede preparar para ella un plan de recuperación y elevación digno de su noble naturaleza.

El proyecto tiene como centro a Cristo, el hijo de Dios que se sometió y se une a cada persona para sanarla y elevarla.

Las reglas son los diez Mandamientos, que son los puntos de referencia para todo orden personal y social. Dios no ha pedido al ser humano que proyectase el mundo, sino solo tener en cuenta el diseño preparado para él. Le dice: si quieres existir, si quieres crecer, si quieres realizarte, si quieres curar, si quieres ser feliz, si quieres poner orden… aquí tienes las reglas.

No debes pensar en proyectos ni programas personales y originales; debes atenerte solo a las reglas que yo te doy; debes caminar por la vía que yo he trazado.

Otras reglas no existen ni pueden existir. Lo que te propongo es lo mejor para ti, y tú debes convencerte de eso.

Los diez Mandamientos

Las reglas son los diez Mandamientos. Se los entregó a Moisés personalmente el Señor en uno de los momentos más relevantes de la historia de su pueblo, cuando, desde la esclavitud de Egipto, estaba avanzando hacia la tierra prometida.

Dios hizo un pacto de Alianza con su pueblo, fijando los recíprocos derechos y deberes. En el Monte Sinaí se produjo un verdadero intercambio de promesas y compromisos:

— Yo (Dios), me comprometo por mi parte a prestarte ayuda, apoyo, defensa... todo.
— Tú (pueblo mío), te comprometes a portarte según la ley que te entrego, y que escribo en estas tablas.

Desde entonces, los Mandamientos fueron el punto de referencia de la vida del Pueblo de Dios; las reglas sabias que iluminaron su conducta moral, la señal visible de la divina presencia en medio de su pueblo.

Cuando los israelitas eran fieles a esas Leyes, vivían tiempos de esplendor, riqueza, paz y orden.

Cuando eran infieles, conocían el desastre, la división, la pobreza y el desorden total.

En la "plenitud de los tiempos" llega Jesús, y con su autoridad divina no abolió sino que confirmó estas mismas Leyes.

Dijo: «*No penséis que he venido a abolir la Ley o los Profetas; no he venido a abolirlos sino a darles su plenitud [...] no pasará ni la más pequeña letra o trazo hasta que todo se cumpla*» (Mt 5, 17-18).

Así que los Mandamientos fueron y son la Ley definitiva del Pueblo de Dios, la Ley que fija, en términos de absoluta autoridad, el pensamiento y el actuar de quien quiere realizar el orden en sí mismo y en los demás.

Diez reglas, una sola regla: el amor

Las reglas para el Proyecto de la persona humana son pues diez. Jesús las cita frecuentemente, y facilita su comprensión afirmando que se resumen en un solo Mandamiento: el Mandamiento del amor.

Jesús incluye todo en esa sola palabra mágica, que, aboliendo las opresivas formalidades de entonces (y de todos los tiempos), llega al corazón de las personas revelando el verdadero sentido de su vida: el deber de amar.

Amar, ¿por qué?

Porque Dios es amor y ha creado al ser humano por amor.

Y si todo parte del amor, no hay para las personas otro sentido y objetivo que el de amar.

Amar, ¿a quién?

Es obvio: a Dios y a todos los hermanos y hermanas.

— A Dios, porque es el Amor Supremo del que proviene todo y al que todo retorna.
— A los hermanos y hermanas, porque son la imagen viva de Dios, en los que Él se hace presente de modo concreto y visible.

Solo en el amor se realiza el orden

Y si las personas han nacido del Amor y son creadas por amor, solo cuando aman se encuentran en la plenitud de su ser y por tanto en el orden perfecto.

Obviamente, también en el amor hay un orden lógico que seguir.

En la medida en que se respeta este orden, se actúan esa plenitud y ese crecimiento que proceden del amor.

Objeto del amor son Dios y todos los hermanos y hermanas.

¿Con qué prioridad? ¿Y cómo están conectados?

Dios sobre todas las cosas

A Dios Creador y Señor, Padre y amigo, autor sabio de todo orden y perfección, se debe amar *«con todo tu corazón y con toda tu alma y con toda tu mente»* (Mt 22, 37).

Dios debe ser amado sobre todas las cosas.

Se le debe reconocer y preferir a toda otra persona o cosa.

Tiene un inconfundible primado:

— Efectivo: porque nada existe sin Él.

— Afectivo: porque nada se puede amar por encima y fuera de Él, que es el Sumo Bien.

El amor a Dios se traduce en la observancia de sus reglas, así como Él mismo lo ha dicho: *«Si me amáis, guardaréis mis mandamientos»* (Jn 14, 15).

Cuando las personas eligen a Dios como centro de su propia vida afectiva y moral, construyen sobre el sólido fundamento de la sabiduría divina, y por tanto en el orden y en la verdad.

Cuando rechazan el orden en el amor, se desvían del camino recto y construyen sobre arena, y por tanto fatalmente en el desorden.

Dios está en el origen de todo. Quien lo elige como amigo y como guía es decididamente mucho más fuerte y rico que quien hace de sí mismo el único valor y la única fuerza.

Después el prójimo

Pero no basta amar a Dios: hay que amar también al prójimo; ese prójimo compuesto por todos los hombres y mujeres, vecinos y lejanos; a los que Juan llama hermanos, que tienen el derecho de ser amados con ese amor auténtico que portamos a nosotros mismos.

En la base de esto hay una increíble revelación: si has visto al hermano, has visto a Dios. Por voluntad divina, el amor a Dios está ligado indisolublemente al amor de los hermanos y hermanas: Dios se hace presente en cada hombre y en cada mujer, cualesquiera que sean, y pide amarlo a Él en la persona de ese hombre y de esa mujer. Dios dice:

— si quieres amarme a mí, ama a tu hermano y a tu hermana;
— si quieres servirme a mí, sirve al hermano y la hermana;
— si quieres caminar conmigo, camina con el hermano y la hermana.

Y no busques otra vía, porque la vía que conduce a mí es la que pasa inevitablemente a través de los hermanos y las hermanas. Y no los hermanos y hermanas idealizados y lejanos, sino estos hermanos y hermanas concretos que viven su cotidianidad junto a ti.

Los hombres y las mujeres, todos juntos, son una realidad única, un solo cuerpo. Y precisamente por eso, no se puede realizar el orden perfecto excluyendo uno solo de los tres elementos que componen el triángulo: Dios, yo, los hermanos y hermanas.

Ley natural y ley revelada

Los diez Mandamientos pertenecen a un conjunto de verdades reveladas reunidas en la Biblia.

Estas leyes reveladas se llaman también leyes positivas. No se dan sin motivo, se dieron para perfeccionar, especificar y concretar las leyes naturales ya inscritas en lo profundo de cada persona.

La ley positiva, los diez Mandamientos viene así a sobreponerse y a confundirse con la ley natural y no puede contradecirla.

Las reglas que guían los comportamientos humanos y fijan su orden, antes que en las dos tablas del Sinaí, fueron escritas en el corazón de cada persona, y forman parte de sus tendencias naturales.

Por eso, el discurso sobre el orden, recogido en las reglas presentes en la Biblia, no se refiere solo a los cristianos y a los creyentes, sino a todas las personas que tienen el común denominador de la naturaleza que comparten todos los seres humanos.

6.
ACEPTADO POR LO QUE ERES

Quien consigo mismo es malo,
¿con quién será bueno? Ni siquiera él mismo
disfruta de sus riquezas.

Sirácida 14, 5.

Todo debe partir de ti

Así que eres una persona caída por el pecado original, y a la vez, sanada y elevada por el don de la gracia, que te regaló Cristo. Contando con tus débiles fuerzas, y más aún con el poder de Jesús Salvador, puedes llegar a construirte, a crecer, a madurar, realizando gradualmente ese orden que te conduce a la paz y al éxito.

El punto de partida eres tú. Todo debe comenzar por ti.

Cada intento de crear orden no puede más que partir de ese orden que hayas logrado crear en ti. Y entonces, desde este momento, debes dejar de vivir en la periferia de ti mismo.

Entra en tu intimidad para verificar tu estado de salud que, seguramente, no corresponde a tus aspiraciones.

No te sabes aceptar. Te encuentras lleno de resentimientos, de amarguras, de agresividad, de antipatías, de frustraciones, de complejos... y de mil contradicciones.

Estás en lucha contigo mismo, con los demás, e indirectamente también con Dios.

No tienes esa armonía interior, necesaria para sentirte realizado y en paz.

No te gustas a ti mismo. Estás decepcionado de ti y querrías ser otro, otra persona, otra cosa... lo contrario de lo que eres.

Acéptate como eres

Para poner orden, por el contrario, debes antes de nada aceptarte como eres. Debes dejar de fantasear, de perder el tiempo, de perseguir ilusiones y quimeras.

Debes tomar conciencia de la realidad, de tu realidad. Debes aceptarte como eres, abandonando toda resistencia inútil y absurda.

Todo aquello a lo que te resistes se transforma en tu enemigo: ¿por qué sigues viendo a tantos enemigos que luchan contra ti?

Aleja toda resistencia

Aleja pues toda resistencia y acéptate con calma y abandono. No conviertas cada cosa en un enemigo que rechazar o combatir.

Por ejemplo:

— si no aceptas tu nariz, la nariz deviene un obstáculo que superar;

— si no aceptas tus dientes, los dientes devienen un fastidio que eliminar;

— si no aceptas ese rumor, esa tos, esa persona, ese modo de hacer, ese episodio desagradable... se transforman en un trastorno que remover.

El bien y el mal están dentro de ti. Tú creas los enemigos, con tus resistencias y tus miedos.

El mal de la muerte no es la muerte en sí, sino el miedo a la muerte.

El mal del fracaso no es el fracaso, sino el miedo al fracaso, y todo así...

Al final, el único enemigo es el miedo que está dentro de ti, y tú lo regeneras continuamente haciéndolo crecer.

A veces, eso toma otro nombre: angustia, tristeza, ira, pero en el fondo se trata siempre de reacciones emotivas.

Los malestares te los creas tú: con tus temores y resistencias te conviertes en la primera e inevitable víctima.

¿Por qué resistir a lo que no puedes cambiar?

Tu vida, como la de todos, se caracteriza por situaciones obvias. Todo está ya programado o casi programado. No decides tú de la vida: ni cuando naces ni cuando mueres.

No has elegido: a tus padres, tu aspecto físico, tu sexo, tu cociente intelectual, tus tendencias morales, tu temperamento... Tampoco has elegido tu familia, tus hermanos, la hora de tu muerte, la dirección de tus actividades.

Eres esencialmente dependiente, aunque no lo quieras admitir.

La zona de la libertad, esto es, de los deseos que eres capaz de tener, es una parte mínima. ¿Qué hacer? ¡Simplicísimo!

En lo que puedes hacer, esfuérzate al cien por cien.

En lo que no puedes hacer, abandona toda resistencia y confía en el Padre.

Confía en el Padre

Confiar en el Padre es el gesto más sabio y conveniente que puedes poner por obra. Sobre todo por lo que mira al pasado y las adversidades que hayas podido sufrir.

Todo lo que ha pasado, no lo puedes cambiar ni un milímetro; es un caso cerrado: abandona toda resistencia y, si es necesario, pide perdón.

¿Estás inmerso en las preocupaciones y los fracasos?

Haz lo que puedas, y luego, con desprendimiento, mira adelante y confíalo todo al Padre.

Detrás de toda situación está Él, que quiere o permite toda cosa según un proyecto, aunque a ti no te parezca que es para tu bien.

Él podría evitarte tantos sufrimientos y quitarte esos límites que detestas; si no lo hace, es porque está bien que sea así, y que para ti esta es la mejor situación, ¡en absoluto!

Debes mirar tu vida con los ojos de la fe.

Las apariencias se ven: la realidad no se ve.

Las apariencias se desvanecen: la realidad permanece.

Su santa voluntad permanece.

Las explicaciones psicológicas, biológicas, filosóficas… pueden ser verdaderas, pero solo superficiales.

La verdad de fondo es Dios mismo, que conduce todo con mano poderosa, más allá de las apariencias. Y Él que organiza y coordina, permite y dispone cuanto sucede en ti y a tu alrededor.

QUEDA EN PAZ

Si vives en esta perspectiva de fe, no habrá en el mundo situaciones imprevisibles que puedan abatirte: serás fuerte y prácticamente invencible.

Por tu parte, haz todo lo que puedas para arreglarlo todo: el resto déjalo en manos de Dios, pero con confianza, con seguridad.

¿Te lamentas por no tener una brillante inteligencia? ¿Sufres por ser tímido y por no tener atractivo personal?

¿Pero estás seguro de que, en situaciones opuestas, serías feliz?

Ante el mundo ignoto de las eventualidades, te conviene estar firme, cerrar la boca y decir: «¡Yo no entiendo nada! Padre mío, solo sé que me amas, y por eso me callo. Haz de mí lo que tú quieras. Estoy de acuerdo con todo lo que has permitido».

¿Qué sabes tú de la otra cara de las cosas? ¡Cuántas veces despunta la aurora detrás de la montaña envuelta en las tinieblas!

La mitad de la vida está marcada por el ansia de lograr el éxito, y la otra mitad por el miedo a perderlo: ¿vale la pena perseguirlo con tanto empeño, y luego lamentarse desesperadamente por no llegar a conseguirlo o por haberlo perdido?

¡No sigas resistiéndote a ti mismo y al mundo! Mientras resistes, eres infeliz e irrealizado. Abandónate serenamente a la voluntad del Padre. Aprende a repetir con paz: «Padre, sé que me amas, y por eso te digo: estoy de acuerdo con todo».

Y el fruto será la paz. Y en la paz y de la paz podrá nacer el orden.

7.
ESA COSA MARAVILLOSA
QUE ES TU CUERPO

*Nadie aborrece nunca su propia carne,
sino que la alimenta y la cuida.*

Carta a los Efesios 5, 29.

¡ABRÁZATE A TI MISMO!

Por tanto, acéptate como eres, abandónate al Amor de quien te conoce, acepta ese yo que eres tú.

Debes convencerte de que eres algo bello, lo más bello posible.

Debes estar seguro de que Quien te ha creado ha querido hacer de ti una persona maravillosa, estupenda, fascinante.

Debes creerme: eres único, irrepetible, especial.

A los ojos de Dios, eres una verdadera obra maestra. Ningún otro es como tú, nadie puede compararse contigo ni puede sustituirte.

Tú debes solo decir: ¡yo soy yo… y basta!

Y si esto es verdad, no te queda más que acogerte, amarte, honrarte y paradójicamente abrazarte…

Precisamente así. ¡Abrázate!

Estrecha idealmente esta realidad preciosa que eres tú mismo.

Haz como los niños pequeños que, mirándose al espejo, sienten una irresistible atracción hacia sí mismos, y se besan tiernamente.

Y solo después de haberte abrazado, podrás abrazar a los demás, dándoles ese amor que antes ha rebosado de ti.

No envidiar a nadie

Esta postura no es soberbia complacencia en ti mismo, ni banal narcisismo, no es exagerada consideración de tus posibilidades, ni disminución de las capacidades de otro. Es el feliz descubrimiento de tu personalidad que, hasta ahora, quedó escondida y quizá humillada.

Confiésalo: lo que estoy diciendo es para ti una verdadera sorpresa.

Nunca habrías pensado que eras importante y capaz de realizar lo que hasta ahora habías visto y solo envidiado en los demás.

Y entonces, antes de intentar descubrirlo en los demás, comienza a descubrirlo en ti mismo.

Si consigues aceptarte como cosa preciosa, no tendrás inconveniente en aceptarlo también en los demás. Quedan en pie los límites y defectos, en ti y en ellos. Pero tienes también la certeza de ser una persona original y grande: original, por ser única e irrepetible; grande, por estar dotada de una enorme reserva de cualidades y recursos.

Y estando así las cosas, ¿por qué atormentarte envidiando esto o aquello? ¿Por qué pensar que ellos son más felices que tú? No te preocupes ya así.

No desees la vida de otro: esa no te conviene. El Padre ha preparado para cada uno una vida a medida.

"Endosarse" la vida de los demás sería un error, como si quisieras ponerte la chaqueta de un amigo porque te parece que a él le sienta perfectamente.

Acepta el cuerpo que tienes

Estamos formados de alma y cuerpo; esto es, de espíritu y materia.

La precedencia corresponde al alma, pero, como ya hemos precisado, son elementos complementarios: los dos, unidos, forman el ser humano, constituyen su esencia y su personalidad.

Para poner orden, comenzamos con el cuerpo, que es el elemento más visible y tangible.

Lo debes aceptar y amar, con la afectuosa atención que das a las personas que amas. El cuerpo con el que te encuentras es tuyo, exclusivamente tuyo. No puedes enajenarlo, mutilarlo, cambiarle una parte, cambiarlo por otro mejor.

Puede, sin embargo, no gustarte, o gustarte poco por un tiempo, pero es lo que es; y te acompañará siempre, en el tiempo, y también en la eternidad, cuando será glorioso, después de la resurrección.

Debes aceptarlo sin ninguna reserva.

Debes guardarlo y cuidarlo con amor, porque el rechazo de tu cuerpo es el rechazo de ti mismo.

No lo dudes: es el que el Creador ha preparado para ti.

Hacerlo agradable

Es propiamente el cuerpo lo que te distingue y te presenta a los demás. La gente no ve tu alma, sino tu cuerpo.

Y, sobre todo al comienzo, no te juzga por lo que eres, sino por lo que aparece a través de las manifestaciones de tu cuerpo.

Si eres bienvenido, aceptado y amado, es porque tu cuerpo transmite mensajes de simpatía, de armonía, de orden.

Si no eres aceptado, es porque de tu cuerpo o de tu comportamiento emana una desagradable sensación de malestar.

Debes por tanto ante todo hacer agradable este cuerpo tuyo: para ti y para los demás: antes a ti y luego a los demás.

Debes guardarlo, protegerlo y amarlo. El cuidado equilibrado de tu cuerpo no es expresión de vanidad, sino de justicia y respeto hacia ti mismo.

Haz un chequeo

Decide tomarte en serio la cuestión de tu salud. La salud es la más urgente e improrrogable de las obligaciones; es la condición indispensable para llevar una vida feliz, eficiente, dinámica y larga.

Sé muy bien que te preocupas cuando sobrevienen situaciones de emergencia y de dolor insoportable, y que, habitualmente, no das importancia a tantas campanillas de alarma que suenan para ti. Dices que estás bien, pero puedes estar en peligro y no lo sabes.

Pospones constantemente un control serio y cuidadoso de tus condiciones físicas, y llevas adelante lo que por ahora es posible, pero que mañana podría no serlo ya.

Haz con urgencia un chequeo.

Sométete con confianza a una verificación general de tu estado de salud.

No me digas que no tienes tiempo y que estás en perfecta forma porque, quizá, las cosas no están así. Luego acepta con realismo lo que te diga el médico y decide cambiar de vida lo que sea necesario, poner orden, eliminar los hábitos que te están arruinando e incluso abreviando la vida.

Controla tus hábitos

Hay hábitos que condicionan tu vida. Son los que hacen difícil cualquier decisión de cambio. Para bien o para mal, nos comportamos de un cierto modo, no porque estemos convencidos totalmente, sino porque pensamos que "siempre se ha hecho así". Y cuando esos hábitos son nocivos, la ruina es casi inevitable.

Los hábitos que matan

Son los que podemos llamar hábitos venenosos, porque nos conducen al consumo de venenos devastadores que pueden ser mortales.

Estos venenos son principalmente tres: el tabaco, el alcohol y la droga propiamente dicha.

Se comienza con pequeñas dosis, inducidos a veces por un amigo y se acaba por ser adictos y caer en un verdadero embrutecimiento, una especie de esclavitud degradante y humillante. Deja el cigarrillo, y todos esos venenos.

¿Cuántos cafés?

¡Quizá demasiados! No quisiera que un consumo excesivo de café se convirtiera en uno de esos hábitos "venenosos" de los que no consigas liberarte.

El café como el té, el cacao o la Coca-Cola, son agradables, pero pertenecen a la familia de los excitantes. Producen una sensación de nuevo vigor, pero en exceso agotan el sistema nervioso. No dan nueva fuerza. Solo el reposo natural restituye las fuerzas y la salud. Vale, algunos cafés… pero no demasiados.

Fármacos y psicofármacos

Si estás enfermo, deprimido, agotado, no esperes soluciones milagrosas, esperando quién sabe qué intervenciones de lo alto. Si te automedicas estás en el camino equivocado.

Dios te cura a través de los médicos y las medicinas, pero no puedes elegirlas por consejo de cualquiera. No esperes nada de una pretendida medicina del futuro. Haz las cosas con inteligencia, prudencia y método.

Acude a un buen médico y hazle caso.

8.
NO TE MATES

No os granjeéis la muerte
con vuestra vida errada,
ni os acarreéis la ruina
con las obras de vuestras manos.

Sabiduría 1, 12.

La salud y la longevidad son fruto de decisiones ordenadas

Si quieres mantenerte en buena forma, vive una vida sencilla y ordenada.

Muchos buscan la longevidad fuera de ellos mismos; y cuando se ven envejecer, se entregan a curas milagrosas, filtros mágicos, curanderías de todo tipo, sin reparar en gastos y corriendo hasta el fin del mundo.

Lo prueban todo, con tal de alejar el espectro del decaimiento físico.

Todo tipo de cirugías incluso, con la ilusión de recrear su propio físico devastado por tantos años de vida desordenada.

Recuérdalo: la salud y la larga vida no se pueden vender o comprar como el pan o los zapatos, sino que se construyen día a día; suelen ser fruto de elecciones ordenadas, inspiradas en las leyes inevitables de la naturaleza a las que nadie puede sustraerse sin grave daño personal.

Mantente joven. Piensa antes de destruirte con tus propias manos.

No creas que las medicinas de los tiempos futuros, o traídas de quién sabe dónde, pueden actuar por ti en un esfuerzo que no puedes delegar en nadie.

MANTENTE JOVEN

Tu vida será bella si consigues mantener un sólido equilibrio, encontrar y conservar en ti el orden natural de las cosas. No solo necesitas existir, sino vivir en plenitud.

Así podrás vivir plenamente en cada periodo de tu vida, porque, como es bien sabido: «La juventud no es un tiempo de la vida, sino un estado de mente».

Mantenerse joven: saber caminar con los años que avanzan, manteniendo sano el cuerpo y vivo el espíritu.

Supone alejar lo más posible las causas de decaimiento a todos los niveles, dedicándonos a actividades adaptadas a la edad y con sentido de la medida.

Ante todo: vive plena y felizmente el hoy, sin preocuparte de envejecer pronto. Vence la angustia del envejecimiento precoz dedicándote al hoy, respetando las reglas y el orden.

La vejez física sigue siempre a la mental y espiritual. Y la vejez espiritual vendrá cuando el corazón no reciba ya mensajes de la belleza, de la alegría, del valor, del amor, del infinito, de la oración, de la fe.

62

Y entonces te dejarás ir, y dejarás ir también tu cuerpo, con un penoso sentido de indiferencia y desafecto.

Vive intensamente el hoy. Llena la jornada con muchos intereses porque como suele decirse, «tener muchos intereses es tu interés». La vejez no vendrá de improviso; y así el mañana no será más que un hoy prolongado.

ALGUNAS REGLAS PARA UNA VIDA LARGA

Para una vejez serena, y por lo general menos difícil, el profesor Trabucchi, en el *Corriere della Sera*, sugiere estas reglas:

— continúa viviendo como siempre, manteniendo ritmos y costumbres; no te hagas sustituir en tus actividades y tus deberes si no es estrictamente necesario: la mejor tutela de la autonomía es continuar cuidándose a sí mismo y a las propias cosas;

— da largos paseos;

— no pongas los achaques en el centro de la vida (y las palabras);

— come un poco de todo;

— un leve sobrepeso garantiza una vida más larga;

— usa con moderación el café y las bebidas alcohólicas;

— ten curiosidad por las cosas nuevas: el mundo no debe terminar de sorprenderte ni a los noventa años;

— encuentra motivos de interés en las cosas grandes y pequeñas.

— cultiva las relaciones afectivas: trata de amar y no ser egoísta.

Algunos ejercicios para no envejecer

Los sugiere el profesor americano K. Sidhwe, experto en higiene mental:

- — ejercítate en dejar detrás de ti el caos;
- — ejercítate en extender los brazos para recibir la vida como un don;
- — ejercítate en respirar la perfección de la belleza y del orden;
- — ejercítate en desechar los pensamientos críticos y negativos;
- — ejercítate en pensar solo en cosas constructivas;
- — ejercita los ojos para ver solo las cosas bellas;
- — ejercita el oído para escuchar la música de la naturaleza;
- — ejercita el rostro en sonreír;
- — ejercita la lengua hablando despacio y gentilmente;
- — ejercita el corazón con pensamientos de amor y alegría;
- — ejercita las piernas a lo largo de los caminos que te indica la naturaleza;
- — ejercita el alma en la comunión con tu Dios.

El ser humano no muere: se mata

Como ves, son muchas las reglas, y todas concuerdan en afirmar que la enfermedad y el envejecimiento son la consecuencia de los venenos introducidos en el cuerpo a través de una serie de decisiones equivocadas, tomadas a lo largo de toda la vida.

Digo: de toda la vida, y no solo en el periodo más próximo a la vejez.

Se ha dicho que «el ser humano no muere, sino que se mata». Y es verdad. Su vida es un lento suicidio:

— porque no aprendió nunca a vivir;
— porque ha crecido en el desorden;
— porque nunca se dio reglas sanas de comportamiento, en el plano físico, psíquico y moral.

E inconscientemente, decide de su futuro cuando "se deja llevar" por un cierto modo de vivir sin orden ni reglas.

Los excesos son muchos. Te indico algunos, sin pretender agotarlos.

Evita los excesos

No puedes violar impunemente las leyes de la vida. Debes vivir en armonía con ellas, para no ser arrollado por el desorden provocado por los excesos.

Todo exceso es un desorden porque exaspera un comportamiento que, de por sí, sería útil y bueno.

Por ejemplo:

— es bueno comer, pero hace daño comer demasiado:
— es agradable fumar un cigarrillo, pero es malo fumar demasiado;
— es beneficioso beber un poco de vino, pero hace daño beber de modo excesivo.

La vida nos ofrece una riqueza incalculable de bienes y satisfacciones; y qué hermosa es si sabemos disfrutarla con orden y respetando las reglas.

EVITA EL TRABAJO AGOTADOR

Todo exceso de actividad fatiga el cuerpo y le impide la necesaria recuperación. Si no te detienes un poco para descansar, enseguida deberás pararte por un tiempo más largo.

La naturaleza ha dispuesto en nosotros "un fondo de reserva" para las emergencias causadas por la fatiga. Si cuando estás cansado descansas de modo natural, enseguida te sentirás regenerado, sin recurrir a este fondo de emergencia.

Si en cambio tomas cualquier estimulante, sometes al cuerpo a un trabajo extra. Por hacerlo seguir trabajando, le impides el reposo que necesitaría para regenerarse realmente.

El cuerpo, la mente, el espíritu tienen gran necesidad de reposo, de pausas, de relajación. No existen organismos de hierro.

No te creas un "fenómeno" distinto y superior a los demás. Recuerda el dicho: "El arco demasiado tenso se rompe", antes o después, y cuando menos te lo esperas.

APRENDE A RELAJARTE

Otra forma de exceso es la tensión nerviosa. Es un incesante consumo de energía, y de ahí un empobrecimiento progresivo del cuerpo y de la mente.

Y es también una de las causas principales del insomnio y de toda clase de agotamiento nervioso. A la tensión psicofísica se puede aplicar el principio general: a cada acción corresponde una reacción igual y contraria. Cuanto más nos cargamos en un sentido, más debemos esperar una explosión con la misma intensidad en sentido contrario.

¡Aprende a relajarte!

No lleves el motor siempre "en cuarta".

Reduce la marcha, y pasa a "tercera", "a segunda", y a "primera".

Apúrate a detenerte... aunque creas, inconscientemente, que eres tú quien hace "funcionar el mundo".

Aprende a detenerte

Si llevas siempre el coche a toda velocidad, te cargas pronto el motor.

Si vives constantemente "bajo presión", te agotas pronto.

Si continúas corriendo, terminas por no encontrar ya a nadie, y lo que es más grave, ni siquiera a ti mismo.

Si quieres entender lo mejor que hay en ti, debes detenerte.

Si comes de pie, digieres mal: siéntate.

Si piensas corriendo, reflexionas mal: siéntate.

Si tienes algún momento libre en tu actividad,

— no te apresures a llenarlo, buscando el ruido,
— no enciendas ya la TV,
— no saques el *smartphone*: detente.

Detenerse quiere decir: tomar consciencia de sí, reunir las fuerzas, ordenarlas para lo mejor.

Acepta detenerte: vuelve adentro. Decide poner bajo control tu situación personal.

Detente para fijar la cita que no has realizado: la cita contigo mismo. Es la cita más sorprendente y más importante.

TOMA POSESIÓN DE TU VIDA

Detente para poseerte. Detente para ser dueño de ti mismo: de tus ideas de tus decisiones.

Si tienes la humildad y la fuerza de encontrarte, descubrirás con sorpresa que no eres lo que tú y los demás pensáis: quizá eres aún un niño, eres muy inmaduro. ¡No te ofendas!

No creas que eres el único: la casi totalidad de los hombres y mujeres son bastante inmaduros.

¿Por qué soy inmaduro? Porque te dejas manipular por los demás; porque te adaptas a las modas, porque también tú corres tras el éxito.

Y así:

— sufres el trabajo, y dices: no encuentro otro.

— sufres tu ambiente, y dices: todos hacen eso.

— sufres la familia, y dices: no la he elegido yo.

— sufres a los amigos, y dices: no tengo otros.

Así que actúas constreñido, obligado, forzado… porque «no me queda otra», como sueles decir.

No tienes un proyecto propio. Y no lo tienes porque aún no has comenzado a pensar, a pensar atentamente, a tomar posesión de tu vida.

No aceptes vivir el más pequeño instante sin saber por qué lo vives, y sin haber decidido cómo lo vivirás.

Aleja la tentación del poder y de la riqueza

No aceptes el deseo de hacerte rico y poderoso, a toda costa.

No hagas del dinero o del poder el objetivo de tu vida, porque correrás locamente, con el riesgo de quedar trastornado por el peso de su trono efímero.

Por desgracia, tienes un cómplice en el mundo moderno, para el que las únicas personas realizadas son las que tienen un gran poder económico, o han alcanzado la gloria y la notoriedad.

Todo suena a este tipo de éxito, con la complicidad de la televisión que, sobre todo con descarada e insoportable publicidad, exalta todo lo que es riqueza, lujo, eficiencia, manipulando a los frágiles espectadores para que aprecien la vida según cánones vanos e ilusorios.

La persona vale no por lo que tiene, sino por lo que es.

Tu verdadera carrera no es la que te proporciona un aumento de poder o de tu capital económico, sino la que te lleva a enriquecer ese gran capital que eres tú.

Pon orden en la jerarquía de valores. Y no pongas la riqueza y el éxito en el primer puesto, sino ese valor precioso e inigualable que eres precisamente tú.

9.
VUELVE A LA NATURALEZA

No vayas tras tus propias concupiscencias,
refrena tus apetitos. Si consientes a tu concupiscencia,
serás el hazmerreír de tus enemigos.
No te regodees en muchos placeres,
su consecuencia es doble miseria.

Sirácida 18, 30-32.

DEFIENDE Y CONSERVA TU SALUD

Para defender y conservar tu salud, evita que en tu cuerpo entren los venenos que lentamente te llevan a un imparable declive físico y mental.

Debes saberte conducir con responsabilidad y equilibrio.

¿Y qué hacer en concreto?

Te ofrezco algunas indicaciones prácticas y de seguro resultado.

Como no soy médico ni dietista, no tengo competencia específica en la materia, no pretendo dar soluciones perfectas e irrefutables, en un campo donde son muchas y discordantes las opiniones.

Me limito a algunas indicaciones que suelen compartir los que son competentes y que respaldan una larga experiencia de vida.

Conserva tu energía personal

Todo lo que de innatural y negativo introduces en tu cuerpo y tu mente se acumula en el tiempo, y te destruye lentamente. Ya lo hemos dicho: no cuentes demasiado con los fármacos; no esperes milagros, que solo Dios puede hacer, y los realiza solo para sus fines particulares.

No abuses tomando sedantes y píldoras de todo tipo.

No creas que te reconstruyes por vías no naturales y nocivas.

Construye tu vida sobre la base de la conservación de tu energía personal.

No gastes tus fuerzas inútilmente: hablo de tus fuerzas naturales.

Si disipas tus poderes, dañas todas las funciones de tu cuerpo, y abres el camino al desorden más total.

Muévete mucho

El movimiento es indispensable. Es condición de vida, de desarrollo, de recuperación, de orden.

Da largos paseos, si es posible al aire libre. No te dejes vencer por la pereza y el cansancio: el movimiento no aumenta el cansancio, sino que regenera el organismo.

Alterna el trabajo con pausas de movimiento.

Practica algún deporte; comienza tu jornada con ejercicios físicos; utiliza algún masaje natural, que tonifica y renueva.

La actividad física constante y regulada, sin riesgos de fatiga excesiva (los ancianos no pueden hacer todo lo que hacen los jóvenes), es una de las primeras y fundamentales reglas de vida.

No digas: a mi edad ya no es posible.

Comienza y recomienza, hoy mismo, y te sentirás otra persona.

RESPIRA AIRE PURO

Mantén abiertas las ventanas todo lo que puedas. Deja que los ambientes en los que vives estén siempre ventilados.

Sal lo más posible de los lugares cerrados. Si vives en ciudad, haz todo lo posible para salir al campo.

Y entre los bosques y en los campos, si añades un esforzado paseo, te sentirás lleno de salud y de ganas de vivir.

El aire contaminado es fuente de enfermedades, especialmente en ambientes muy llenos de gente.

El aire puro es uno de los elementos indispensables para conservar la salud y prevenir enfermedades.

Evita permanecer bastante tiempo en lugares frecuentados por personas aficionadas al alcohol y al humo.

No hagas vida de cafetería y de bar: son los sitios con más riesgo y más nocivos.

NECESITAS SOL

Tu cuerpo necesita sol, como agua y comida.

Tomar el sol, siempre con moderación, son preferibles por la mañana y la tarde, cuando no hace demasiado calor.

Son peligrosas las horas más cálidas del día.

Enseña pronto a tus hijos a estar al sol, porque su necesidad de rayos solares es aún mayor.

Mantente limpio

La limpieza es la eliminación de todo lo que es negativo, nocivo o venenoso.

Cuanto más la cuides, más recuperas, por vía natural, tu bienestar psicofísico.

Mantén limpia la mente. Una mente limpia alimenta una vida espiritual y física gozosa y libre.

Tenla ocupada en bellos pensamientos, optimistas, agradables, ordenados. No permitas que se ocupe en imágenes y deseos libidinosos.

No seas descuidado cultivando figuras nocivas en el plano moral, porque cuando algunas imágenes se enraízan en la mente, resulta difícil conseguir expulsarlas.

Sabes bien que es mucho más fácil dejarse llevar por la fascinación del mal que por la del bien. Decían nuestros abuelos: no juegues con fuego.

Mantén limpio tu cuerpo. Lávalo frecuentemente. Si puedes, dúchate a diario. Esta limpieza personal te ayudará a quererte más, a tener mejor opinión de ti mismo, a acercarte a los demás con más soltura.

Ten limpia la casa, la ropa, los ambientes en que trabajas. Vive, respira, trabaja en el orden.

Nunca seas maloliente, desordenado, desaliñado. Nada es más repugnante que una persona sucia.

La casa, el laboratorio, el estudio, la mesa de trabajo son tu refugio, el lugar donde te encuentras contigo mismo y encuentras a las personas más queridas; me atrevo a decir que podrían ser tu paraíso.

¿Puedes decir que amas este refugio, aunque sea pequeño y modesto? Recuerda la célebre expresión de la sabiduría antigua: la casa debe ser *parva sed apta mihi*: "Pequeña pero como hecha para mí".

¿Pero cómo amarías esta casa si está hecha un desorden, un montón de cosas sin sentido? ¿Cómo amarías, dentro de la casa, ese rincón tuyo, celosamente tuyo, en el que pasas las horas más íntimas y distendidas?

Pon orden en la casa, la habitación, en la mesa, en los armarios, en el baño. Descubre la alegría de construirte, con tus propias manos, un refugio cálido, ordenado, armónico.

Aprende a escuchar su llamada cuando, en el caos cotidiano, te sientes trastornado y cansado.

Come con moderación

Come y bebe de modo moderado. No busques hartarte, sino nutrirte. No comas desordenadamente a todas horas.

No engullas todo lo que estimula tu gula.

No estés siempre intentando comer helados, devorar dulces, beber de todo. ¡Eres insaciable!

No tienes frenos y no tienes ya ese estilo que te haría agradable.

Mantén el orden al alimentarte.

Come solo lo que te ponen y no te excedas en la cantidad.

Una máxima famosa decía: «No levantarse de la mesa sin tener un poco de apetito aún».

No comas entre comidas, ni tarde antes de retirarte, porque comiendo tres o cuatro veces al día ingieres ya mucho más alimento del necesario. Mastica bien. La primera digestión se hace en la boca. No bebas mucho en las comidas. Bebe un poco entre plato y plato.

Dime qué comes, cómo comes y cuándo comes, y te diré quién eres y qué será de ti en el futuro, sobre todo cuando envejezcas.

Practica algún ayuno. Disminuye la cantidad de alimento cotidiano, o incluso no comas nada, por algún breve tiempo. El ayuno puede tener un motivo religioso o de salud; tu cuerpo te lo pide para recuperarse.

El ayuno te ayuda a poner distancia ante los apetitos.

Duerme de noche; no cambies la noche por el día

¿Cuánto y cómo duermes? ¿A qué hora te retiras? ¿Cuántas horas pasas en la cama?

El sueño nocturno es fundamental, porque es el único modo de reposar y recuperarse. Al sueño de la noche no lo puede sustituir nada.

Debes dormir, dormir de noche, y todo el tiempo que tu cuerpo necesite.

No consideres tiempo desperdiciado el que pasas durmiendo.

Pero debes encontrar el sueño de modo natural, no con somníferos.

No te quedes viendo la TV hasta altas horas. Ni tengas TV en tu dormitorio, donde debes encontrar el clima de silencio que favorece tu reflexión o el diálogo con tu mujer o tu marido.

Necesitas dormir bien. Prepárate con pensamientos tranquilos, relajantes. Prepárate dialogando con el más dulce de los amigos (la oración de la noche) que te espera en la intimidad de tu corazón: no hay nada que descanse más que "dormir con Él".

10.
NOSOTROS DOS

Por esto dejará el hombre a su padre y a su madre
y se unirá a su mujer, y serán los dos una sola carne.
Gran misterio es este, pero yo lo digo
en relación a Cristo y a la Iglesia. En todo caso,
que cada uno de vosotros ame a su mujer como a sí mismo,
y que la mujer reverencie al marido.

Carta a los Efesios 5, 31-33.

CUANDO TE ENAMORAS

Antes o después salta, para todos, la hora que trastorna totalmente la vida: también la tuya. Es la hora en que te enamoras.

¿Qué significa enamorarse?

Simplicísimo: perder la cabeza por una persona, y en cierto modo divinizarla, haciéndola el centro exclusivo de la atención, de los intereses, de la atracción física, y de los sueños más secretos y celosos.

Es un momento maravilloso, y a la vez extremadamente arriesgado.

Es maravilloso porque el amor, este amor, es una cosa natural, y lo más bello puede existir en la vida.

Es arriesgado porque si lo vives de modo insensato y desordenado, puede entristecer y destruir para siempre tu vida.

Amar es exigencia insoslayable de vida

La vida se desarrolla y madura solo en el amor y a través del amor.

Si no te arriesgas a amar, te quedas como un ser incompleto y privado de sentido; te conviertes en un eterno niño encerrado en sí mismo.

¿Cuál es tu mayor problema? El de romper tu soledad y encontrar el modo de comunicar con los demás; el de ser amado y poder amar.

Dios mismo, como auténtico experto en humanidad, nos dice: «No es bueno que el hombre esté solo» (Gn 2, 18) y para que no viva en soledad, le ha puesto en el fondo tres impulsos profundos de comunión:

1. La religiosidad, que lo conduce a la búsqueda y al diálogo con Él.
2. La sociabilidad, que lo orienta al diálogo con los demás.
3. La sexualidad, que lo empuja a la comunión profunda y exclusiva con un "tú" particular, que es un hombre para la mujer, y una mujer para el hombre.

El amor es don de persona a persona

A esta comunión profunda y exclusiva entre un hombre y una mujer se la llama con el término genérico de amor.

Pero en el caso específico, ¿qué es concretamente el amor?

Sencillamente: el don total y exclusivo de sí.

Es una definición aparentemente fácil, pero ¡cuántos equívocos, ambigüedades y banalidades puede encerrar!

Ahí van algunos de los equívocos más frecuentes:

— Tú dices: *te amo,* pero en lo profundo piensas: *te quiero para mí.* En vez de pensar en crecer en la capacidad de darte, piensas en poseer a la persona amada como a un objeto. Aquí está el equívoco: proclamas el amor y buscas la posesión. Dices: *te* amo, pero en realidad deberías decir *me* amo.

— Tú dices: *te amo,* pero piensas: *me gustas,* y eso es: satisfaces mi emoción y por eso *te quiero toda (o todo) para mí.*

Ese es el equívoco: cambias el amor por la *emoción;* confundes el *estímulo* al amor con el amor mismo. Esta emoción no te empuja a la apertura, sino al repliegue sobre ti mismo: te quiero porque *me* satisfaces.

— Tú dices: *te amo,* y piensas: *quiero hacer el amor contigo; quiero poseer tu cuerpo.*

Aquí hay otro equívoco: cambias el *lenguaje* del amor con la esencia del amor. Cambias el *cuerpo* por la *persona,* y olvidas que amar no es emparejarse, sino encontrarse: no es solo posesión, sino don y acogida en la verdad.

¿Qué cosa es pues el amor? ¿Cómo se lo puede configurar, para que no sea expresión de egoísmo, de ambigüedad y de sola necesidad física.

Veamos los componentes.

Los componentes del verdadero amor

El amor es auténtico cuando:

— Es don de sí, esto es ofrecimiento de la propia riqueza, de la propia vitalidad, de la propia dinamicidad, casi un desbordarse de persona a persona.

— Es premura, interés activo en la vida y crecimiento de la persona amada.

— Es servicio, disponibilidad para ir al encuentro, a la espera y exigencias del otro.

— Es respeto, apertura al conocimiento de la persona en su realidad y en su posibilidad de crecer.

— Es conocimiento, esfuerzo para captar la interioridad de la persona a través del encuentro sincero con ella.

Fuera de todo equívoco y ambigüedad, el amor es don de una persona a otra persona.

Si amo, te lo doy todo, me doy del todo, con todos mis recursos.

Si soy amado, te acepto como persona, como la persona destinada a mí, solo a mí.

Si amo, me pongo ante ti como quien da, quien se ofrece sin exigir recompensa o reconocimiento.

Si soy amado, enseguida me preocupo de amar en igual medida, e incluso buscando superarte en la generosidad del don.

El amor es pues el don de una persona a otra persona.

Don es ante todo oferta, no demanda; actitud de quien se adelanta, y no de quien espera la iniciativa de otro. Es un don que se expresa ofreciendo la propia riqueza y los propios recursos a la persona que se ama.

Entre estos recursos, el más importante es la sexualidad, que es la expresión de la donación del propio cuerpo.

¿Qué es la sexualidad? Es el modo de ser de una persona que es masculina o femenina.

Dice la Biblia: «Dios creó al hombre a su imagen [...] varón y mujer los creó» (Gn 1, 27). Varón y mujer juntos forman la pareja humana, dos seres distintos y complementarios; dos seres iguales: uno busca al otro, uno está inclinado al otro, uno es atraído por el otro.

Y es de esta diversidad y complementariedad de donde surge la atracción, el estímulo, la búsqueda y el amor. La sexualidad abarca toda la persona y no solo parte de ella. Y por tanto:

— no es solo genitalidad, atracción de órganos sexuales.

Ellos no son un juguete con el que divertirse, sino la señal y el impulso para comprender el propio cuerpo sexuado;

— no es solo instinto, impulso animal desordenado e imprevisible, sino transporte y afecto guiados por la razón;
— no es solo placer para uno mismo, sino alegría de amar y de darse totalmente.

El placer no es el objetivo de la sexualidad, sino un importante recurso para vivirla como encuentro. Reducir la sexualidad al goce físico significa empobrecerla y degradarla, dejándola a merced de la imprevisibilidad y del capricho.

SEXUALIDAD Y AMOR: UN BINOMIO INSEPARABLE

Dios ha ligado a la actividad sexual la transmisión de la vida: es la cosa más importante y más preciosa que existe.

La sexualidad como hemos dicho constituye y abarca toda la persona: el corazón, la mente, el cuerpo, la psique.

— Es una de las inclinaciones primarias y fundamentales.
— Es la base del desarrollo físico y espiritual.
— Es el elemento que determina el modo de estar en familia y con los demás.
— Es el factor del que se origina la personalidad propia de cada hombre y mujer.

Es la tendencia humana que más que ninguna otra hay que considerar y resolver positivamente, porque de esta solución depende el éxito o el fracaso de la vida.

Nada es más peligroso que un comportamiento superficial y despreocupado: demasiada gente no ha enfrentado nunca con seriedad un problema de tanto riesgo. Y llega a una edad avanzada, arrastrando aún las fantasías y comportamientos de la adolescencia.

Sexualidad y amor forman un binomio inseparable: si los separas te encuentras viviendo en el desorden más completo.

El pecado, en este campo, consiste en separar la sexualidad del amor; en rebajar el amor al nivel de impulso; en la falta de respeto a la propia y a la otra persona, confundiendo el amor con un gesto de puro egoísmo.

LA PLENITUD DE LA SEXUALIDAD Y DEL AMOR SE LOGRA EN EL MATRIMONIO

La sexualidad y el amor tienen su máxima expresión en la vida conyugal, vivida en el estado matrimonial.

El matrimonio para toda persona es un pacto; y para los bautizados es también un sacramento.

Es plena comunión de dos personas que se unen con un vínculo indisoluble y se hacen instrumentos de la transmisión de la vida.

El acto conyugal es el momento culminante de una relación que es la más significativa. Cuando se cumple del modo debido y queda abierto a la vida, actualiza plenamente las palabras de Jesús: «Ya no son dos, sino una sola carne» (Mc 10, 8).

En el matrimonio cristiano los esposos, expresándose recíprocamente su amor con las formas normales de comunión, devienen el uno para el otro en el signo y la comunicación del infinito amor de Dios.

Y todo es bello, santo, grande, noble, importante en esta condición, tanto que deviene un *estado sacramental.*

ESTÁS EN EL ORDEN... CUANDO RESPETAS LA VERDAD DE LOS GESTOS

Son muchas las señales a través de las que los esposos expresan su amor, pero la más significativa es el acto conyugal.

El orden consiste en la plena identificación de lo que se expresa con lo que se siente.

El desorden, esto es, el pecado consiste en realizar un gesto falso (contrario a la verdad) o vacío (que no contiene nada).

Contradicen la verdad del gesto sexual:

— la masturbación, en la que falta incluso el tú;
— las aventuras amorosas, en las cuales las personas se instrumentalizan entre sí;
— la prostitución, en la que dos personas se tratan como cosas y no como personas;
— las relaciones prematrimoniales, en las que los novios expresan un amor de tipo matrimonial que aún no existe, porque falta la condición de perpetuidad y exclusividad.

ESTÁS EN EL ORDEN... CUANDO RESPETAS EL FIN UNITIVO

El acto conyugal está orientado a profundizar la plena comunión entre los esposos: comunión de espíritu, de benevolencia, de don.

Si usas la sexualidad solo para obtener un placer de orden físico, actúas contra este fin altísimo, que es intrínseco a la sexualidad misma.

Me preguntas: ¿entonces es inmoral buscar el placer sexual?

Respondo: fuera del matrimonio, sí.

En el matrimonio, no; pero no como fin (la persona no puede tratarse nunca como una cosa), sino como medio para alcanzar los fines propios de la sexualidad que son la comunión interior de las personas y el don de la vida.

ESTÁS EN EL ORDEN... CUANDO RESPETAS EL FIN PROCREATIVO

La sexualidad está ordenada a la procreación. Para que los seres humanos se sientan impulsados al deber de procrear (cosa maravillosa pero onerosa), Dios ha unido al uso de la sexualidad física un fuerte placer.

El acto conyugal contiene en sí el significado unitivo y procreativo.

«El acto conyugal, por su íntima estructura, mientras une profundamente a los esposos, los hace aptos para la generación de nuevas vidas» (*Humanae vitae*, 12).

En la mente de Dios, el placer que acompaña la unión física es, ante todo, una invitación a cumplir el gran deber de la procreación.

Pregunta: ¿entonces es necesario usar la sexualidad física solo para procrear?

La Iglesia, intérprete autorizado de la ley natural y positiva, teniendo presente que el acto conyugal tiene como fin no solo la procreación, sino también plena comunión de los esposos, tiene en cuenta la posibilidad de considerar la necesidad y la oportunidad de una procreación responsable en armonía con el dictado de la naturaleza. Y entonces deviene lícito también el uso de los métodos naturales por serios motivos.

Estás en el orden... cuando aceptas los hijos como don

Del acto de intenso amor que une a los esposos surge la vida. El acto conyugal es el más alto servicio al amor y a la vida.

Piensa:

1. Dar la vida a un niño es una especie de milagro biológico. La unión de un espermatozoide con el óvulo procede de millones de posibilidades de las que una sola dará lugar, por ejemplo... ¡a Marco!
2. Dar la vida a un niño significa generar un ser más importante que nada: un niño vale más que todas las estrellas juntas; que todas las cosas que existen sobre la tierra.
3. Dar la vida a un niño significa hacer algo con Dios; o mejor dicho: poner a alguien junto a Él.
4. Dar la vida a un niño significa generar un ser destinado a vivir para siempre, porque es hijo de Dios y futuro ciudadano del cielo.

Cómo recuperar el orden roto

¿Y si se produce una crisis en la pareja? El camino de una pareja alterna momentos de comunión y de felicidad con otros marcados por dudas, dificultades, incomprensiones, debilidades y, a veces, infidelidad.

En el curso de su vida, los esposos se dan cuenta de que caminar juntos no es siempre fácil, y que muchos elementos pueden perturbar su unidad y estabilidad.

Ahí van algunos consejos para los momentos de dificultad. Me dirijo singularmente a cada uno de los cónyuges, para que sea más inmediato y personalizado el mensaje.

1. Intervén pronto, antes que el mal sea mayor. Intervenir pronto significa hablar con sinceridad y amor, haciéndose ayudar por alguna persona competente. Luego cambia radicalmente tu comportamiento.
2. No le eches toda la culpa a tu mujer (o a tu marido). Debes preguntarte sinceramente: ¿cuáles son mis defectos? ¿En qué he faltado? Y golpéate el pecho. ¿Cuántos esposos se acusan recíprocamente, diciendo: «Por *tu* culpa, por *tu* grandísima culpa»?
3. Recupera el sentido de la persona: no puedes dar tu vida a una persona, con una decisión tan fundamental, y luego cambiar de opinión porque han sobrevenido dificultades: las personas no son objetos que se pueden sustituir.
4. Aprende a perdonar: quien no sabe perdonar no sabe amar, porque ama solo a condición de que el otro sea perfecto. Un amor "condicionado" no es verdadero amor.
5. Aprende a pedir perdón: una unión fundada sobre la humildad no puede naufragar. Pedir perdón es el mejor modo de aceptarnos humildemente con los propios defectos.
6. Aprende a dialogar: los cónyuges que no saben dialogar no llegarán a ser amigos; y por tanto a conocerse y amarse hasta el fondo.

7. Aprende a recomenzar: la vida es un camino. Y el matrimonio es un camino arduo y difícil. Quien no sabe recomenzar cada día, no sabe vivir y no puede crecer, ni ayudar al otro a crecer.
8. Implica a Dios, como la persona más cercana e interesada en el logro de tu matrimonio. Hacedlo juntos, rezadle juntos.

¿Y LOS QUE NO SE DECIDEN A PONER ORDEN EN SU AMOR?

¡Pero cuántos hay que no se deciden a poner orden en su amor! ¡Cuántos son los amores "imposibles" que no llegan a la realidad de un matrimonio regular!

¡Cuántos son los esposos que han visto naufragar su matrimonio, sin su culpa y sin esperanza de retorno!

Nadie comprende mejor que la Iglesia a todos los *irregulares,* manteniendo los principios que, procediendo del Creador, son absolutos y perennes.

1. Los homosexuales son personas normalmente sensibles y necesitadas de gran comprensión.

También ellos pueden realizarse si tienen buena voluntad. Dios los mira con gran amor, porque son sus criaturas, con muchas posibilidades de hacer el bien. Y están muy solos y marginados; incluso despreciados.

El desorden consiste sobre todo en la ostentación y en el *orgullo* de serlo. El orden para ellos está en la aceptación del propio estado, incluso no querido, y en el esfuerzo de vivirlo en la castidad. Todos son llamados a vivir la castidad en su estado, y a todos nos pide Dios dominio, renuncia y rectitud.

2. Los separados no deben vivir su realidad desagradable de modo angustioso, sino con serenidad y equilibrio. La separación no es siempre negativa. Puede resultar incluso la condición para un nuevo impulso espiritual y diverso modo de configurar la propia vida. También ellos son llamados a la castidad.

La separación no es siempre sinónimo de fracaso. Nadie debe ser demonizado y abandonado a sí mismo. Toda pareja en dificultad debe ser amada y tratada teniendo presente que cada una es un mundo en sí, y por eso debe tratarse según sus particulares necesidades y su distinto modo de vivir su propio problema.

Siempre es indispensable el consejo de expertos en el plano espiritual y psicológico, pero es sobre todo necesaria la disponibilidad para dejarse iluminar y aconsejar (Cf. Juan Pablo II, *Familiaris consortio*, 79-85).

11.
PREPÁRATE A AMAR

¿Cómo podrá un joven
mantener limpio su sendero?
Guardando tus palabras.
Con todo el corazón te busco;
no permitas que me desvíe
de tus mandamientos.

Salmo 119, 9-10.

EL MATRIMONIO NO SE IMPROVISA

El amor no es solo un don "llovido" del cielo, sino también, y sobre todo, fruto del esfuerzo generoso de los dos esposos.

Nada, en este campo delicado y complejo, se puede dejar a merced de la superficialidad y de la improvisación. ¿Pero cuántos esposos llegan al matrimonio con la preparación debida? A juzgar por los resultados, bien pocos.

Nunca como hoy hubo tantos cursos prematrimoniales, y nunca como hoy el número de matrimonios fallidos está creciendo de modo preocupante. Evidentemente, no basta un conocimiento teórico de los recíprocos derechos y deberes: se necesita otra cosa.

Es preciso que los esposos sean educados, preparados, formados para la convivencia y la vida de pareja, que comporta continuas e imprevisibles dificultades. Se necesita en suma una seria y específica preparación.

No lo dudemos: el éxito o el fracaso del matrimonio depende, normalmente, de cómo se han preparado los esposos.

¿Cuándo debe comenzar la preparación?

No ciertamente en el momento del papeleo, sino desde el momento en que los contrayentes comenzaron a ser varón o mujer.

Debe comenzar desde los primeros momentos en los que se dispara el mecanismo del amor: esto es, desde los años bellos y confusos de la adolescencia.

Los años de la adolescencia son determinantes para el desarrollo de las personas y para el éxito del futuro matrimonio. Son años en los que el cuerpo se transforma y crece velozmente; y con particular intensidad hace sentir el estímulo de los impulsos sexuales.

Es una verdadera explosión de los instintos, de atracciones, en una alternancia de simpatías y desilusiones, de tensiones y descubrimientos, de deseos de correr e inseguridades sin fin.

Es la edad en que se vive la máxima crisis de originalidad e identidad. No sabes ya qué eres, y no sabes aún qué querrás ser en el futuro. Rechazas el pasado, que te parece pueril y ridículo, y temes entrar en el mundo de los adultos que sin embargo te fascina y te invita.

¡Quiero divertirme, quiero pasarlo bien!

Las palabras que más oyes repetir por tus amigos y coetáneos son estas: divertirse, pasarlo bien. Son palabras mágicas también para ti.

Sientes la atracción hacia nuevos horizontes y experiencias, y tienes la impresión de no poder sustraerte a un juego que se ofrece a todos. Y para justificarte, afirmas: hago lo que hacen todos los demás. No quiero parecer mojigato y marginado. No soy ya un niño: soy un hombre (o soy una mujer). Ya se ve.

No te extrañes

No te extrañes de esta explosión de impulsos y sentimientos confusos y prepotentes. Es una explosión natural, inevitable, común a todos los muchachos (o muchachas) de tu edad.

La adolescencia es una edad de paso, en la que todo está bajo el signo de la inestabilidad y de lo provisional, del movimiento y el riesgo, pero es una edad preciosa y rica en grandes recursos.

Te invito a reflexionar

Ahora el impulso sexual ha surgido en ti como algo embriagador e irresistible, y querrías meterte ansioso en aventuras que parecen fascinantes.

Pero yo te digo: reflexiona y pon bajo control esa central explosiva que eres tú. Como sabes, este instinto está dirigido y finalizado al amor, que es a la vez unitivo y procreativo, y por tanto a esa plena y estable comunión que es el matrimonio.

Tú ahora no estás preparado y maduro para comprender y realizar estos importantes fines. Estás en una edad de paso. Eres un ser en continuo movimiento, y como tal, en riesgo.

Aquí está el peligro: si actúas de modo desconsiderado y desordenado, te arriesgas a quemar ese magnífico depósito de energías que está preparándose para un pleno éxito de tu vida afectiva presente y futura.

DECIDE PONER ORDEN

Decide, intenta, esfuérzate en poner orden. Te pido que emplees la inteligencia y la voluntad al servicio de tu verdadero bien. Es decir: dominar, educar, ordenar tu afectividad y tu sensualidad. Te pido, en una palabra, que seas puro, que seas casto. Y no soy yo por cierto quien te digo esto: es tu Creador. Es ese Dios que te ha creado como eres y ha fijado las reglas del orden y del verdadero éxito.

No puedes negarle el derecho de conocer lo que conviene a tu verdadero bien. No puedes pretender darte tú otras reglas. Y obviamente, todo acto sexual realizado fuera o contra estas reglas, deviene innatural, y por eso fuente de desorden y sufrimiento.

Piensa solo en la desilusión que sigue a la masturbación y a ciertas relaciones que terminan con una sensación de amargura y vacío.

No reprimas, sino eleva tus energías

Eleva y sublima tus impulsos afectivos. Debes formarte para el amor y la libertad para poder vivir un día en plenitud tu vida.

El agua, para ser una energía poderosa, debe antes quedar detenida en el embalse y luego canalizada para regar los campos.

Te pido renunciar a determinadas experiencias, no para mortificarte, sino para consolidar la fuerza que ya tienes y que un día podrá convertirse en energía fecunda.

Ahora debes esperar, transformar, potenciar la vitalidad que, estando ya presente y potente en ti, sigue siendo aún inmadura y confusa. Está a la espera de ser orientada hacia caminos estupendos, que pueden ser diferentes.

Matrimonio o virginidad

Los caminos suelen ser tres normalmente: el matrimonio, el sacerdocio, la virginidad. En la base está el amor, incluso la vocación al amor. Dios te puede llamar a amarlo de modo diferente y en estados distintos.

En el estado sacerdotal y el estado religioso se requiere el celibato. El celibato no es una renuncia sino una elección positiva. Es el don total de sí a Jesús. Es un darse a él con amor exclusivo y único. Es una renuncia a la genitalidad, no a la sexualidad. Es un darse totalmente a Jesús, para ser total y plenamente entregado a los hermanos.

La elección de la virginidad, para los hombres y las mujeres, nace de un corazón enamorado de Cristo y de los hermanos; nace de un corazón libre y abierto al don.

Debes pues prepararte a amar, cualquiera sea la vocación a la que Dios te llama.

Prepárate a amar

Si por tu gusto aceptas amores precoces y fáciles, podrás conocer la ilusión de un cierto apegamiento personal, pero no podrás madurar para relaciones futuras estables y conscientes. Tus actuales pasiones, tus "grandes amores" (no te ofendas) no son verdadero amor, sino turbación y emoción, sobre las que es ingenuo y peligroso construir.

Por tanto, en vez de perder el tiempo, dedícate al ejercicio concreto del amor: en casa, con los amigos, con los pobres, los marginados: implícate en alguna forma de voluntariado, enriquece tu vida con gestos generosos y constructivos: cuantos puedas hacer.

Ensancha tu corazón para acoger a todos.

Sé una persona libre

Hazte libre, dueño de ti mismo, capaz de disponer de ti cómo y cuándo quieras. No te dejes encadenar por hábitos desordenados y nocivos.

Vence la tentación, tan frecuente e insistente,

— de querer leerlo todo,
— de querer verlo todo,
— de querer escucharlo todo,
— de querer tratar a todos.

Las imágenes obscenas, las conductas escabrosas, las fantasías excitantes, una vez que entran en tu mente, ya no te abandonarán. Se te presentarán sobre todo en los momentos de depresión y soledad, con efectos devastadores. Es más fácil evitar la entrada en tu interior de esas imágenes negativas que expulsarlas cuando se vuelven obsesivas y dañosas.

Mantén tu mente libre y llénala solo de cosas hermosas. Esas te harán buena compañía y te darán un sentido de ligereza y alegría. No quedarás esclavo de situaciones y hábitos que te impiden ser una persona libre.

¿Cómo lograrlo?

Puedes conseguir vivir en pureza y libertad, y por tanto en el orden, con una serie de ayudas que voy a indicarte.

Antes de leerlas debes ante todo convencerte de que la pureza juvenil es posible. No creas a los que la consideran una pura ilusión, y piensan que el discurso de la castidad está hoy definitivamente superado.

Cierto, no faltarán las cosas llamadas "incidentes del camino"; pero esos no serán suficientes para demoler la voluntad de quien se interna por la buena ruta con decisión y determinación.

Eres débil e inconstante como todos, pero con las precauciones que te diré, vencerás seguramente en la empresa más ardua y desafiante.

Ayudas naturales

1. Acostúmbrate a no actuar por impulso, sino reflexiona que toda acción puede estar cargada de desagradables consecuencias.

En el momento del impulso, pregúntate a ti mismo:

— ¿qué estoy haciendo?
— la satisfacción que tendré, ¿a qué consecuencias me llevará?

¿Vale la pena, por una emoción de corta duración, turbar mi paz y empobrecer mi persona? ¿Para qué hacer una cosa de la que seguramente me tendré que arrepentir?

2. Evita las ocasiones de turbación, que, variando de persona a persona, deben ser consideradas individualmente.

Valora tus personales tendencias y debilidades, y regúlate de acuerdo con lo que eres, y no con lo que son los demás.

3. Entrena la voluntad a superarse en cosas de poco esfuerzo, para que multiplicando las pequeñas victorias, puedas fortalecerte para superar las dificultades mayores.

4. Huye del ocio, cultivando actividades e intereses, útiles sobre todo en los momentos de mayor crisis, de cansancio y de peligro de ceder. Cultiva algún hobby interesante en que refugiarte tranquilamente.

5. Haz deporte, mucho deporte: un deporte sano, valiente, noble, que temple la voluntad, fortalezca el físico y te eleve a cosas grandes.

6. Cultiva los sueños hermosos y grandes: no se puede vivir sin soñar y lanzarse a un mundo ideal. Los sueños bellos hacen bella a la persona y su vida.

7. Aprende a elegir y mantener a los amigos convenientes: los adecuados para ti, los que son mejores que tú. "Dime con quién andas y te diré quien eres". Elige a los amigos que te ayudarán a crecer, y cuando juntos lleguéis a ser una fuerza positiva, podáis ayudar a otros más débiles y vacilantes.

AYUDAS SOBRENATURALES

Son la Fe y la Gracia.

1. La Fe tiene como centro una persona fascinante y concreta: Jesús. Nadie más que Él puede ayudarte en un esfuerzo por encontrar un equilibrio. Puedes tener con Él una relación personal que te lo hará sentir:

— como una presencia amable y gozosa;
— como un Amigo que, más que ningún otro, da sentido a tu vida;
— como una ayuda para desviar la mirada de ti y mirar a los demás;
— como impulso para luchar y conservar su preciosa amistad;
— como centro de tus intereses y tu más profunda intimidad.

Jesús, persona viva y amiga, es fuerza y esperanza, confidente de tus victorias y tus desengaños, compañero que comprende y perdona. Es un hombre como tú, pero también Dios cercano y animante; un Dios que colabora y da fuerza para la conquista del mayor bien.

2. La Gracia es el don que Jesús concede a quien se lo pide como medicina, sostén, ayuda y elevación. Es absolutamente necesaria, dada la actual situación de debilidad moral, después del pecado original. Se nos comunica a través de la oración y los sacramentos. Si no rezas y no te acercas con frecuencia a los sacramentos, y especialmente a la confesión y comunión, estás condenado al fracaso. El lograr la realización del orden afectivo y sexual es obra de Dios y de tu buena voluntad. Es esfuerzo y colaboración divino-humana. Y por tanto una cosa grande y preciosa, como tu persona, tu vida, tu futuro.

12.
HAZ ESTO

En tus estatutos pongo mi gozo,
no olvidaré tus palabras [...].
Abre mis ojos para contemplar
las maravillas de tu Ley.

Salmo 119, 16-18.

VOY AHORA A DARTE algunas normas de comportamiento para algunas situaciones en las que habitualmente te puedes encontrar. Aquí afronto los temas más comunes, las situaciones más frecuentes.

No te las propongo en orden de importancia porque todas son importantes y actuales. Estos comportamientos no pretenden ser una enseñanza *ex cathedra*, sino un humilde servicio en busca de soluciones sencillas a las innumerables dificultades que encuentras en la vida de cada día.

A la aceptación de estos consejos está ligada gran parte del orden que estás realizando por tu libre elección.

SI HAS FIJADO UNA CITA...

... no llegues tarde; no te hagas esperar; no te retrases ni un minuto. No hagas uso de la frase *más o menos*. Si dices:

«Nos vemos a las 8», no llegues después, porque hacerse esperar crea impaciencia y molestia, sobre todo cuando no se conocen las variantes imprevisibles de tu horario. Sé exacto, meticuloso, escrupuloso.

Quien te aguarda admirará tu orden y tu profesionalidad, y te dará confianza y estima.

SI LLEGAS AL CRUCE Y EL SEMÁFORO ESTÁ ROJO...

... no te "hagas el listo" diciendo: «No están los guardias, puedo pasar». Este modo de comportarte revela una mentalidad desordenada y peligrosa.

Si pasas en rojo, no solo les creas problemas a los demás, sino que alargas la lista de los que se preocupan más de salirse con la suya que de conducir según las reglas del código de circulación.

Respeta el semáforo y las señales de tráfico.

No seas superficial e imprudente: podría resultarte fatal. Respeta las leyes que tutelan la seguridad de todos: también la tuya.

SI ERES UN POLÍTICO O UN FUNCIONARIO PÚBLICO...

...recuerda que estás en ese puesto para el servicio y la promoción de los intereses de la comunidad. Es un servicio difícil, delicado e incluso ingrato, pero es y debe seguir siendo un servicio.

Si llevas a cabo actividad política con otros fines, actuando con desenvoltura sobre la piel de los ciudadanos, contribuyes a crear ese desorden social que todos deploramos.

Se necesita honestidad, transparencia, sinceridad, interés concreto en el bien común. La fuerza de no abusar de las muchas posibilidades de hacer dinero con tanta facilidad.

Si te ves llevado o eres llamado a la actividad política, no te eches para atrás: la comunidad civil necesita trabajadores válidos y honestos; pero reflexiona atentamente sobre lo que haces y sobre las circunstancias en las que te podrías encontrar.

Podrías acabar por ser también tú responsable de tanto desorden público.

Si eres el director de una empresa...

...trata de gestionarla con responsabilidad, competencia y profesionalidad. No puedes actuar con superficialidad e improvisación: muchas personas dependen de ti para su supervivencia.

Debes mantener el orden en las relaciones con el personal, en las prácticas administrativas, en la aplicación de las normas sindicales y tributarias.

Debes aprender a escuchar los pareceres y propuestas de los que comparten contigo tus responsabilidades.

Debes promover la armonía y la concordia entre todos, en la aplicación del principio: «Todos para uno, uno para todos».

Si eres un empleado...

...está serenamente en tu puesto, sin pretender imponerte a quienes tienen funciones más relevantes que tú. No seas arrogante, no hagas pesar esa rabia que quizá te roe dentro.

No te dejes arrastrar por las críticas fáciles a quien está más alto que tú.

Sé ordenado, preciso, puntual. Hazte notar por el esfuerzo que pones en el trabajo, aunque sea humilde y poco considerado.

Hazte querer. Reivindica tus derechos más con el celo constructivo que con la arrogancia en contestar.

Estás en el orden cuando sabes valorar tu puesto, que, modesto en sí, deviene importante por la virtud y capacidad con que sabes ocuparlo.

Si no logras hacer carrera...

...no hagas de eso un drama. No cultives rencores e inquietudes. No te creas que quien tiene un puesto superior al tuyo es más feliz que tú.

Estate en tu sitio. Y si este puesto es el menos importante, trata de amarlo más: sucederá que descubrirás sus lados positivos y lo querrás.

Puedes realizarte mucho más estando en este último puesto que alcanzando el primero: depende del amor y del orden que logres poner en lo que haces.

Si vas al banco o a un servicio público...

...ponte a la cola, pacientemente, como todos los demás. No te "cueles"; no pretendas tener especiales títulos para ponerte delante.

No trates con arrogancia a los que trabajan en el servicio, que están allí para servirte.

Aprende a comprender y valorar el trabajo de los demás, e incluso a excusarles si se equivocan en algo.

El orden aquí es sinónimo de respeto, de espera, de paciencia. Todo funciona mejor cuando cada uno sabe estar o aguardar en su puesto.

Si recibes muchos correos...

...no los acumules. No esperes a mañana. Cuando llegue la tarde, debes estar al día

Si respondes enseguida, todo es más fácil.

Pon orden en tus correos. Si no respondes, demuestras mala educación y escasa sensibilidad. Y sobre todo pierdes el crédito que alguien haya puesto en ti.

Si vas a misa...

...no llegues tarde. La falta de puntualidad es irreverencia a Dios, al celebrante, a los fieles que son puntuales y ordenados. Y además ocasión de distracción para quien habla, quien escucha, quien reza de algún modo. También, el retraso en la iglesia es índice de desorden general.

Es notable el dicho: «Quien llega tarde a Misa llega tarde en la vida».

Sé puntual. Y al entrar en la iglesia, mantén la conducta apropiada en un lugar sagrado y una acción tan importante como es la Santa Misa.

No te quedes atrás, lejos del altar, separado de los demás. No busques "el último puesto" refiriéndote al Evangelio, porque el último puesto, en este caso, no existe: cuando nos reunimos en la casa de Dios, somos un solo pueblo, una sola familia, un solo cuerpo, sin distinciones, divisiones ni precedencias.

Si estás con otros…

…no quieras ser el centro de atención. No hagas a toda costa de *prima donna*. Debes sentirte uno de tantos, uno como los demás. Y si por motivos particulares, estás en especial evidencia: no hables siempre tú, no hables solo de ti, no monopolices el interés de todos.

Si eres de verdad importante, aprende a valorar con circunspección y prudencia las atenciones y elogios que puedas recibir. No te lo creas demasiado.

Sé modesto siempre con todos. Evita pronunciar demasiado el monosílabo *yo*, que incluso resulta motivo de antipatía y molestia.

Hazte acoger y amar no con la presunción de quien se cree importante, sino con la delicadeza de quien quiere resultar útil y agradable.

Si quieres asegurarte de que todo estará en orden después de tu muerte…

…haz testamento. Sí, hazlo pronto. Hazlo ahora que estás bien y quizá lejos de ese día fatal. Hazlo con todos los requisitos legales para que sea válido y ejecutivo.

No bromees sobre este delicado asunto, "no toques madera".

Es increíble: muchas personas no aceptan este consejo por superstición. Y se guardan bien de poner por escrito esas voluntades que tantas veces han expresado verbalmente.

Dejan así todo en suspenso, con el peligro de que esas voluntades sean malinterpretadas y anuladas. Y entonces, cuántos rencores y divisiones pueden surgir, en lugar del llanto y el reconocimiento.

Tú sé prudente y previsor. Pon orden en tus cosas, resolviendo bien y pronto este importante asunto: el del después.

Basta poco para confirmar, para un futuro incluso lejano, un camino de orden y justicia.

Si te sientes viejo y desmotivado…

…y ya no en condiciones de hacer lo que hacías cuando estabas en mejor forma, busca reaccionar con toda la energía posible.

En la edad en que todos se reposan y ralentizan, recupera el valor y el ardor: recomienza como un principiante, vive una segunda y una tercera vida. Haz que la verdad misma se adelante a la pérdida de tus ilusiones.

Y pon orden, con la autoridad y la riqueza que provienen de tu experiencia.

Si eres creyente…

…no te contentes con lo que aprendiste del catecismo para tu primera comunión. No te impacientes ante quien anuncia la verdad de modo nuevo, más adecuado a tu edad y lo que necesitas.

No vayas solamente a Misa y a la iglesia "de vez en cuando", "cuando tienes ganas", cuando celebra ese sacerdote "que es simpático y te cae bien"…

No está ordenada tu vida religiosa:

— si programas el domingo (o el fin de semana) sin fijar el lugar y la hora de la Misa;
— si te levantas, te acuestas, transcurre toda la jornada sin ponerte en contacto con Dios de algún modo;
— si no te reservas algunos minutos, algún día, para reflexionar, rezar, crecer en la vida espiritual;
— si no la sostienes con la oración y la práctica de los sacramentos;
— si la reduces a unas devociones superficiales a algunos santos que están en el centro de tu atención y de tu oración;
— si no haces de Cristo el verdadero punto de referencia, tu amor principal, el amigo íntimo y fiel;
— si no haces de María, que es tu madre del cielo, la vía obligada para llegar a Él.

Si logras poner orden en tu fe, y en tu práctica religiosa, recibirás una gran fuerza y alegría para superar toda dificultad.

Si continúas viviendo la religión como un hecho marginal, en forma superficial y supersticiosa, no te dará nada y seguirá siendo solo un peso, soportado sin amor ni alegría.

SI ERES PADRE O MADRE...

...descubre la alegría de serlo; es la más intensa que existe. Nada se puede comparar a la emoción de sentirse llamar con este dulcísimo nombre... y tú quizá no te has dado cuenta aún.

Buscas el amor: ¿y quién mejor que un hijo puede dártelo? ¿Por qué vas buscando sensaciones extrañas, exteriores a la familia, descuidando los afectos naturales que son los únicos que llenarán tu innata necesidad de felicidad?

El niño no puede vivir sin sentirse amado por los padres; el joven busca el diálogo y la comprensión de sus padres, aunque parezca que los desprecia y los rechaza. No los prives de tu presencia, aunque te cueste, aunque te sientas atraído por cosas aparentemente más gratificantes.

Pon orden en el trabajo: orden en los horarios, en la hora de volver a casa. No llegues cuando ya están dormidos tus hijos.

Gózate en tus hijos: pasa con ellos el mayor tiempo posible; no descuides la cosa más hermosa que tienes. Pon orden en la familia: si estás unido a tu mujer (o a tu marido) y los dos estáis unidos a los hijos, juntos sois una potencia.

SI ERES UN PROFESOR...

...no olvides que eres un misionero, es decir, una persona que "ejerce una misión": la de transmitir la verdad y educar para la vida. No hay nada más importante ni más difícil.

Pon orden en tu vida y en tu actividad docente. Como sabes, los ojos de los alumnos están constantemente fijos en ti, para ver si lo que dices corresponde a lo que eres.

Mantén orden en la clase, en la mesa y en el aula: más que las palabras, son importantes la limpieza y el orden que respiran los alumnos.

Habla poco, habla bajo y claro: si tú gritas, gritarán también los alumnos.

Llama a cada uno por su nombre, evitando motes vejatorios que nunca agradan.

Guárdate de los tonos burlones y de las "tomaduras de pelo": y presta atención a las bromas, que pueden suscitar reacciones vengativas.

Controla los fáciles impulsos de simpatía o antipatía: trata de evitar que alguno pueda decir: «Yo estoy entre sus preferidos» o «la tiene tomada conmigo».

Recuerda el antiguo dicho: *puero debetur maxima reverencia*, que podríamos traducir libremente así: ni pescozones ni caricias, sino un gran respeto por todos, especialmente por los más pequeños.

Si eres un profesional de la salud...

...esto es, un médico, un cirujano, un farmacéutico, un enfermero, un capellán o una religiosa en hospital, un profesional en la profilaxis, terapia o rehabilitación, un voluntario de cualquier clase, sé consciente de ser un precioso y benemérito servidor de la humanidad sufriente.

Estás, por profesión, al servicio de la vida.

La actividad médico-sanitaria se funda en una relación interpersonal de naturaleza particular. Está en el encuentro entre una confianza y una conciencia: la confianza de una persona que sufre, y por eso necesitada, que se confía a la consciencia de otra persona, que se hace cargo de su necesidad y va a su encuentro para asistirla, curarla y cuidarla.

Si eres un verdadero profesional sanitario, no decepciones la esperanza de quien confía en ti: instaura con los pacientes una relación personal y no le trates como un número más sin rostro. No consideres al paciente solo como un caso clínico, sino antes que nada como un semejante, un hombre, una mujer, un hermano o una hermana a quien ayudar.

Recuerda que para ellos eres como un "dios". Piensa: tu actividad es uno de los medios a través de los que Dios transmite el amor que quiere comunicar a las personas que sufren.

Dios se sirve de ti: de tu inteligencia, de tu arte, de tu paciencia, de tu calor humano para curar amorosamente a su criatura sufriente.

Conserva el orden dando la primacía a esos valores que son el verdadero fin por el que estás llamado a actuar: la vida y la persona.

Y en esta perspectiva cualquiera que sufre tiene la misma dignidad e igual derecho a ser escuchado, soportado, curado y amado por ti.

Si vives en un bloque de pisos...

...es importante para ti y para todos los vecinos poner orden, antes de que sea demasiado tarde.

El orden en este caso se aplica con unas reglas suscritas por toda la comunidad del edificio.

La urgencia proviene del hecho de que, si no se hace así, pronto surgen las discusiones y enfrentamientos que vuelven la vida del edificio un verdadero infierno.

Si eres víctima de intemperancias, no acudas enseguida a las llamadas "vías de hecho": intenta la vía del consenso y del diálogo.

No trates de resolver los problemas usando tonos ofensivos, amenazando querellas, retirando el saludo, mostrando los puños.

Si aprendes a dialogar con paciencia logras mejores resultados que mostrando resentimientos. No pretendas tener siempre lo que quieres y eso a lo que tienes derecho. ¡Cuántos compromisos están ligados a vivir juntos en paz, y cómo tienes que entrenarte en el arte de callar y soportar!

Si eres tú quien crea problemas, ten paciencia y reflexiona: no puedes vivir con la absoluta libertad que tendrías si estuvieses solo. Vivir en una comunidad es como estar en una casa de cristal.

Todos saben más o menos lo que haces y dónde vas: no puedes esconderte y pretender ignorar o ser ignorado. Debes respetar a todos, al de arriba y al de al lado. Y obtendrás el respeto que hayas tenido tú antes.

Poner orden significa hacer observar el reglamento de la casa, aunque suponga límites personales.

Vale más el dicho antiguo que traduzco así: «Debemos ser obedientes a las leyes para poder ser todos libres».

SI TIENES MIEDO DEL FUTURO...

...no te dejes engañar. Presta atención a quién pides consejo o ayuda.

¿Puede un *mago* darte la paz que buscas?

¿Puede una *adivina* predecir con certeza tu futuro?

¿Puede un contacto con el mundo de los *espíritus* serenar tu corazón?

¿Puede el *horóscopo* iluminar tu vida e indicarte la vía a seguir?

¡No, absolutamente no!

Quien busca con ansia es fácil presa no solo de los estafadores, sino del mismo Satanás, que no es un amigo tuyo y no quiere tu bien. Si te arrojas a sus brazos, serás arrastrado a una espiral espantosa de *angustia* y vacío, de la que difícilmente podrás escapar.

Adivinos, magos, médiums y semejantes, hoy tan en boga, están aunque no lo sepan al servicio de Satanás, al que la Palabra de Dios llama «serpiente antigua» que «seduce a toda la tierra» (Ap 12, 9. Cf. 2Ts 2, 9).

Recuerda algunos de los pasajes bíblicos más significativos:

— «No acudiréis a hechiceros ni adivinos. No los consultéis para que no quedéis impuros» (Lv 19, 31).
— «Que nadie de los tuyos […] practique adivinación, augurios, encantamientos ni maleficios. Que no haya hechiceros, ni quienes consulten a los espíritus; ni adivinos, ni evocadores de muertos. Porque todo el que practica esas cosas hace abominación para el Señor» (Dt 18, 10-12).

No te metas en este berenjenal temible y peligroso. Jesús ha sido explícito: el futuro está en las manos del Padre y solo él lo conoce (Cf. Mt 24, 36).

No gastes dinero inútilmente. Para estar en orden, vive con serenidad el hoy: ese hoy para el que el Padre común ha asegurado asistencia, sostén y providencia.

SI AL DESPERTAR ESTÁS DE PÉSIMO HUMOR
Y ENFADADO CON TODOS…

…contrólate pronto, cálmate, desengáñate. Toma posesión de ti mismo y no te dejes llevar a lamentos y exageraciones insensatas.

No salgas de la habitación enfurruñado, con actitud agresiva y desagradable: solo crearás así molestia y desorden.

Comienza la jornada con pensamientos de paz, colaboración y confianza.

Dite a ti mismo: debo vivir este día como si fuese el primero, como si fuese el único, como si fuese el último. Tengo un solo deber: el de amar.

Tengo un solo cometido: el de difundir serenidad, bondad, confianza, optimismo y verdad.

Pon orden en tu jornada, fin al despertar, programándola bajo el signo de ese amor que es el único objetivo y el único sentido de la vida.

Un consejo eficacísimo: aprende a reír, a reírte de ti. Una risa te curará.

Dice el proverbio: «La risa hace buena sangre». Y lo dice con razón, porque está probado que el sentido del humor mejora la memoria, atenúa la tensión y sienta bien a la salud.

Si aún no has encontrado a Cristo...

...no te desanimes. Aceptar a Cristo como personaje histórico no comporta problema ni dificultad. Aceptarlo como Hijo de Dios y Salvador es un camino que dura toda la vida.

Y se avanza por ese camino alentados por la caridad y la buena voluntad.

— Si quieres poner orden en tu vida;
— si quieres darle un sentido, un objetivo, una solución definitiva;
— si quieres llenarla de auténtica alegría...

entra en la senda que, gradualmente, te lleva a Él.

¿Tienes miedo del futuro? Ve a Jesús.

¿Te sientes solo? Ve a Jesús.

¿Estás decepcionado de la vida? Ve a Jesús.

¿Buscas seguridad, paz, serenidad? Ve a Jesús.

Jesús:

— te libera del miedo a la muerte, si lo buscas como tu personal Salvador;

— te promete estar contigo en cada momento de tu vida;

— te garantiza un futuro feliz con él y con todos los que quieres.

Lee el Evangelio. Busca en Cristo la solución de tus problemas. Él conoce tus temores, tus pensamientos y tu vida. Te dice: «Venid a mí todos los fatigados y agobiados, y yo os aliviaré [...], porque mi yugo es suave y mi carga ligera» (Mt 11, 28-30).

ESTE LIBRO, PUBLICADO POR
EDICIONES RIALP, S. A.,
MANUEL URIBE, 13-15, 28033 MADRID,
SE TERMINÓ DE IMPRIMIR EN
ANZOS, S. L., FUENLABRADA (MADRID),
EL DÍA 14 DE ENERO DE 2026.